高校社科文库
University Social Science Series

教育部高等学校
社会科学发展研究中心

汇集高校哲学社会科学优秀原创学术成果
搭建高校哲学社会科学学术著作出版平台
探索高校哲学社会科学专著出版的新模式
扩大高校哲学社会科学科研成果的影响力

我心目中的学校

——儿童视角的教育研究

My Favorite School:
A Kind of Educational Research
from Children's Perspective

黄 力/著

光明日报出版社

图书在版编目（CIP）数据

我心目中的学校：儿童视角的教育研究 / 黄力著 . -- 北京：光明日报出版社，2011.5（2024.6 重印）

（高校社科文库）

ISBN 978 - 7 - 5112 - 1211 - 5

Ⅰ.①我… Ⅱ.①黄… Ⅲ.①儿童教育：学校教育—研究 Ⅳ.①G61

中国版本图书馆 CIP 数据核字（2011）第 081598 号

我心目中的学校：儿童视角的教育研究

WO XINMUZHONG DE XUEXIAO：ERTONG SHIJIAO DE JIAOYU YANJIU

著　　者：黄　力	
责任编辑：田　苗　钟祥瑜	责任校对：周飞亚　李　勇
封面设计：小宝工作室	责任印制：曹　净

出版发行：光明日报出版社

地　　址：北京市西城区永安路 106 号，100050

电　　话：010-63169890（咨询），010-63131930（邮购）

传　　真：010-63131930

网　　址：http：// book. gmw. cn

E - mail：gmrbcbs@ gmw. cn

法律顾问：北京市兰台律师事务所龚柳方律师

印　　刷：三河市华东印刷有限公司

装　　订：三河市华东印刷有限公司

本书如有破损、缺页、装订错误，请与本社联系调换，电话：010-63131930

开　　本：165mm×230mm

字　　数：188 千字　　　　　　印　　张：10.5

版　　次：2011 年 6 月第 1 版　　印　　次：2024 年 6 月第 2 次印刷

书　　号：ISBN 978 - 7 - 5112 - 1211 - 5 - 01

定　　价：48.00 元

序

  黄力是我很喜欢的一个学生。在成为我的博士生之前，她就给我留下了深刻印象。第一次认识她是在她的硕士论文答辩会上，她的论文观点鲜明、论证严谨、写作规范，显示了其扎实的学术基础。后来，她以优异的成绩考取本校的博士研究生，与我结成师生之缘。在博士阶段的学习中，她始终勤奋刻苦、踏实认真，参加了大量的课题研究工作，并赴台湾大学访学，取得了一些成绩，是同门中的佼佼者。

  2009 年 7 月，她博士毕业后来到湖北民族学院工作。虽分隔两地，但她一直与我保持联系，我也始终关注着她的成长、进步。近日，得知她的研究成果《我心目中的学校——儿童视角的教育研究》即将付梓出版，我感到由衷的高兴。再次看到她的书稿，我觉得既亲切又新鲜：亲切是因为回想起当初和她研讨论文时的点点滴滴；新鲜是因为经过一年的工作实践，我很高兴地看到，她对此又有一些新的感受、新的思考。

  该研究的最大亮点在于研究的角度和方法，即"儿童视角"，这是审视教育问题毋庸置疑却很少有人从学术角度深入研究的一种角度和方法。过去，我们习惯于从研究者、教育者的角度研究教育现象、阐释教育原理，却忽略了作为教育对象的儿童的看法和意见。该研究转换研究立场，从儿童的角度来谈教育，把"儿童视角"作为研究理念进行了较为全面的总结和论述，并以此作为开展研究的基本方法，向我们揭示了儿童向往的学校教育，尤其是关于学校和家的讨论颇具人文色彩，对于我们反思现有的学校教育、重新审视教育改革的可能性具有一定的启发意义。

  诚然，对于作为成年人的研究者来说，获取儿童的真实想法是一大挑战，该研究的难度也是显而易见的。对此，黄力进行了诸多尝试：她把孩子们亲手完成的作文和绘画作品作为研究的主要素材，从中建构分析框架和研究结论；她在论文中呈现了大量儿童作品，特别是对儿童图画的展示很新颖，拓宽了学术论文表达的眼界和手段。这些尝试和努力是非常值得肯定的。

从这份书稿可以看出，工作后，她仍在不断探索、不断进步，思想更加成熟。但也应看到，由于工作经历和实践经验不足，她对一些问题的感性认识仍需进一步提炼，对一些研究发现的分析和论述也需要在后续研究中不断去论证、去检验。我认为，儿童视角的教育研究是一个非常有意义的研究方向，希望黄力一如既往地保持严谨求实的研究精神、保持对儿童心灵和成长的真切关怀，不断在该领域耕耘。相信假以时日，她一定能取得更多更好的成绩，那将是令我欣慰的。

是以为序。

郑新蓉

北京师范大学教育学部　教授、博导

2010 年 12 月 12 日于北京

CONTENTS 目　录

导　论

被忽视的声音

> 孩子
>
> 有一百种语言，
>
> 但被偷去九十九种。
>
> 学校与文明
>
> 使他的身心分离。
>
> ——洛利斯·马拉古兹（Loris Malaguzzi），
>
> 《孩子有一百种语言》①

　　如今，在教育学界和实践领域，恐怕没有人会否认儿童在教育中的重要地位。但是，考察教育发展的历史可以发现，儿童作为主体出现，并成为教育的一个重要组成，也不过是近代以来的事情。人们通常把 18 世纪卢梭的《爱弥儿》作为儿童在教育中诞生的标志。自他之后，很多学者相继开展了诸多关于儿童的研究，并在此基础上建立起近代学校教育制度和教育理论的学术体系。这些研究和实践在破除把儿童和童年视做"小大人"或"成年准备期"的观念、发现儿童期的独特价值方面具有重要的进步意义。但经过近两个世纪的发展，它们也开始遭遇一些困境：完全以儿童为中心的课程和学校设计始终难以变成正规学校教育的普遍形态，而只能以"另类教育（Alternative Education）"②

---

　　① 转引自屠美如：《向瑞吉欧学什么——〈儿童的一百种语言〉解读》，教育科学出版社，2002 年版。

　　② "Alternative Education" 被用来指称在 20 世纪初的进步主义教育运动中出现的新的学校类型，台湾译做"另类教育"。我们认为，这一译法揭示了这些教育实践与当时主流教育形式的区别，故采用这一译法（还有学者将其译做"替代性教育"）。例如，美国的"不分级小学"运动批判年级制既不必要、也不符合自然规律，主张从"儿童是否从中获益"的角度来考虑学校的组织构建，采用各种更开明的教育措施，废除年级，取消对进步的限制，以实现儿童发展的多样性，使每个儿童获得最大的发展（参见约翰·I. 古德莱德等著、谢东海等译：《不分级小学》，教育科学出版社，2006 年版）。又如，夏山学校实行学生自己管理的政策。这两类学校都挑战了既有的学校教育体制，可被列入另类教育的行列。

的面貌出现；究竟是该让儿童按照自然的步调自由发展，还是通过学校教育让儿童更快地实现社会化的争论亦时有发生。在我们的现实生活中，也经常能够看到、听到这样一些现象：原本聪明伶俐、活泼好动的孩子，上学后却变得沉默寡言、畏手畏脚；减负的口号喊了多年，学生的课业负担和精神压力却依然沉重；学生不愿上学，甚至厌恶、憎恨老师和学校；师生冲突、亲子冲突常有发生，成年人越来越搞不懂儿童心里在想些什么……人们印象中"快乐、单纯、朝气蓬勃、对世界充满好奇"的儿童已变得"焦虑、世故、老态龙钟、百无聊赖"。种种迹象表明，儿童的学校生活并不幸福。这一现实已经引起众多学者的关注，甚至有学者惊呼，童年已经"消逝"① 或出现了"恐慌"②，"为了儿童的幸福和发展"③，必须"保卫童年"④。

上述种种关于儿童和童年⑤出现危机的说法并非危言耸听。我认为，导致这种危机的最根本原因在于，我们——作为成年人的教育研究者、一线教师、家长并不了解当今的儿童：很多教育理论和实践都是从成人（教育研究者或实践者）的角度，根据他们对儿童需求和心理的"揣测"（尽管这种"揣测"也可以是建立在精巧的设计、严谨的推理和丰富的实践基础上的）设计出来的。所以，尽管他们一再宣称自己是"为了儿童（for children）"或"关于儿童（about children）"的，其主张或实践并不能充分满足儿童的需要、吸引儿童的兴趣、真正变成"儿童（认可）的（children's）"，因而也无法让儿童如预期那样健康、快乐地成长。

或许有人会问："成年人都是从儿童长成的，怎么会不了解儿童?"我并不否认作为个体的、某个成人曾经的孩童经历和记忆对于他了解当今儿童的帮助。但我想强调的是，在日新月异的当代社会，儿童的生长环境已经不同于任何一个成人当年的环境，环境的巨变必然会对儿童的心理产生影响。许多成年人习惯于以自己体验过的童年为标准来评判如今儿童的童年，这是造成成人不理解儿童的一个重要原因。此外，更值得注意的是，当一个人完成了从儿童到成人的身份转变后，其对于孩童时代经验的回忆很难保持原貌，而往往渗透了

---

① 参见尼尔·波兹曼著，吴燕莛译：《童年的消逝》，广西师范大学出版社，2004 年版。

② 参见孙云晓：《捍卫童年》，江苏教育出版社，2007 年版。

③ 参见熊华生：《为了孩子的幸福与发展——教育目的新论》，华中师范大学博士学位论文，2006 年。

④ 参见张文质、林少敏：《保卫童年——基于生命化教育的人文对话》，福建教育出版社，2004 年版。

⑤ "儿童"与"童年"是两个密切联系而又有所区别的概念，其内涵将在第一章具体说明。

成人的判断和意识。正如著名作家余华在描述一个男孩的童年的小说——《在细雨中呼喊》中所说的那样："回想中的往事已被抽去了当初的情绪，只剩下了外壳。此刻蕴涵其中的情绪是我现在的情绪"。可见，成年人的身份对理解儿童造成了障碍，但这种障碍并非无法克服，研究立场的转变可以为我们走近儿童、打开儿童心门提供金钥匙：研究者、教师和家长固然无法重新变回儿童，但我们可以转换立场，站到儿童一边，透过儿童的眼睛来看世界，从儿童的角度理解儿童，探索儿童的内心世界。

这些思考凸显了"立场"对于研究的重要性。二十世纪后半叶以来，特别是随着女性主义对学术界中男权现象的批判，"价值无涉"的研究原则受到挑战，研究者的立场（个人的或代表某个群体的）问题凸显，涌现了追问"研究者是谁"的立场理论（Standpoint Theories）。① 近年来在教育研究中应用越来越广的质性研究亦对这一问题进行了讨论，其基本观点认为：不存在完全不受研究者立场影响的绝对"客观"、"价值中立"的研究。② 所以，研究者应首先了解自己的立场，以便对其可能对研究结果产生的影响保持警觉。可以说，本研究也一直在探讨关于"立场"的问题，这一点从题目中"儿童视角"的表述就可以看出来。这也在一定程度上表明了本研究的一个基本观点："儿童视角的教育研究"就是要让儿童自己去说，了解"儿童的（children's）"学校观、教育观，以获得关于儿童内心的丰富认识。

其实，从夸美纽斯、卢梭、裴斯泰洛齐、福禄贝尔到杜威、蒙台梭利、苏霍姆林斯基，教育观念现代化的路径就是由"尊重儿童天性、以儿童为教育的中心"这一观念来贯穿的。对于教育研究中不见儿童的现象，一些近现代教育家们早有警觉。20世纪30年代，著名的儿童教育家蒙台梭利就在《童年的秘密》一书中告诫我们："儿童心理学和儿童的教育一直是从成人的角度，而不是从儿童的角度来进行研究的，因此，他们的结论必须从根本上予以重新审查。"③

现代教育大师杜威对这一现象的批判更加尖锐。他指出，传统教育的重心"在教师，在教科书以及你所高兴的任何地方，唯独不在儿童自己即时的本能和活动之中"，其结果使得儿童只能受到"训练"、"指导和控制"以及"残

---

① 参见刘云杉：《国外教育社会学的新发展》，《比较教育研究》2002年第12期。
② 参见陈向明主编：《质性研究：反思与评论（第一卷）》，重庆大学出版社，2008年版。
③ 参见玛丽亚·蒙台梭利著、马荣根译：《童年的秘密》，人民教育出版社，2005年版。

暴的专制压制"。正是基于对传统教育偏离儿童的批判，杜威提出了著名的"儿童中心主义"的教育思想，主张要让"儿童变成太阳，而教育的一切措施则围绕着他们转动"。①

现象学教育学大师范梅南曾批判性地指出，现代教育之所以停滞不前和相对沉寂，是因为教育与理论研究已经忘记了其最初的使命，即教育理论研究应该定位于我们与儿童之间的教育关系。这类研究并未将儿童的生活带入我们的视野，却使我们远离儿童的生活。因此，他提议教育研究必须充分展示研究者的教育立场以及研究者对读者、儿童所应承担的教育义务。②

考察我国教育研究的情况可以发现，成人主宰了教育的研究与实践，儿童只是作为被动、消极的受教育者而存在。甚至有学者认为，"近现代儿童教育的基本立场还没有在中国社会、中国文化中扎根"，"中国儿童教育的理论水平可能在总体上还处于前杜威水平，甚至还处于前卢梭、前夸美纽斯水平"。③具体说来，我国的传统教育习惯于从"成人视角"来考虑问题，在教育理论、教育内容和教育过程中随处可见成人权威的印记：大多数教育理论都是以"教育者（应当）如何思考并实际与儿童交流"为主题，忽略了儿童对具体情境的体验及儿童对成人的影响"；教育内容的选择强调"教育为未来生活做准备"，很少涉及儿童现在的生活世界；教育过程中向儿童灌输一套想当然的信念和价值观，其实是对儿童的压制和控制。④

尽管如此，儿童中心的拥护者们一直没有放弃努力。随着儿童权利运动的深入，特别是为促进《儿童权利公约》（联合国 UN，1989）在各缔约国的落实，倡导儿童参与和表达的理念正逐渐由观念变为现实。上世纪 90 年代以来，在英国和其他高度工业化的发达国家中兴起了一股让儿童参与决策的潮流。这股潮流在不同国家和机构的实践中有不同名称，如"学生发声（Student Voice，美国教育进步协会 Education/Evolving⑤；Pupil Voice，英国教育创新部

① 参见杜威著、王承绪等译：《学校与社会》，华东师范大学出版社，1991 年版，第 31~32 页。
② 参见朱光明：《范梅南现象学教育学思想探析》，《比较教育研究》2005 年第 4 期。
③ 参见刘晓东：《从学习取向到成长取向：中国学前教育变革的方向》，《儿童发展与教育研究》2006 年第 4 期。我对这一看法持保留意见，近代以来的中国教育家和教育思想中亦不乏尊重儿童的例子，如号召向孩子学习的陶行知，主张"成人受教育于儿童"的蔡元培。
④ 参见卢健：《从"成人视角"到"儿童视角"——现象学教育学的启示》，《基础教育参考》2007 年第 6 期。
⑤ 参见美国教育进步协会官方网站 http：//www. educationevolving. org。

The Innovation Unit①)"、"青年人的声音（Voice of Youth，联合国儿童基金会UNESCO②)"等等。尽管其表述各异，但核心都是赋予儿童话语权，让儿童有机会说出他们对学校及更广泛的社会事务的看法，进而参与政策制定和社会改革。③ 例如，英国《教育监护者报》分别于1967年和2001年举办两次竞赛，让5—18岁的孩子通过文章、诗歌、绘画的形式表达他们对教育的独特想法，描述他们喜欢的学校，并通过孩子们的心声反思当时的教育。④ 2002年夏，英国教育技术部推出了为学习而听取意见的行动计划，以履行《儿童权利公约》中规定的彻底倾听孩子心声的义务。

我国的新一轮基础教育课程改革为聆听儿童心声提供了契机。这场开始于2002年的大规模课程改革，旗帜鲜明地强调"学生主体"，主张改变学生的学习方式，激发学生的主动性和创造性。在改革的过程中，教师的"儿童观"、"教育观"正悄然发生变化，教师们越来越意识到了解学生的重要性。例如，2003年北京教育科学研究院曾针对全国中小学生举办了主题为"儿童心目中的好老师"征文征画活动，并将儿童作品设计成"儿童教育观"的培训课程，对中小学教师进行培训。孩子们的作品给参训教师带来很大震撼，一位教师感叹说，"我原来一直以为自己是一个优秀的教师，但是和孩子们的要求一比，才发现自己还有很大距离！"⑤ 近年来，北京市海淀区也开展了回应儿童需求、探索满足儿童需求的教学实践活动。

聆听儿童的心声不仅可以帮助我们走近儿童、了解儿童，还可以让我们重新认识自己、审视现行的学校教育体制。具体说来，开展儿童视角的教育研究，了解儿童对学校教育的看法和期待，主要有三方面的意义。首先，一所学校想要达到新的水平，对学生更有吸引力，就要解决学生不满意的问题。因此，倾听儿童心声有助于了解儿童在学校中的真实处境和生活体验，从而为建

---

① Geoff Whitty, Emma Wisby & Anne Diack, *Real Decision Making? School Councils in Action*, http://www. standards. dcsf. gov. uk, 2007.

② 这里的"青年人"概念与本文的"儿童"概念一样，都是指18周岁以下的公民。http://www. unicef. org/voy.

③ Public school students of the Bronx, "What Kids Can Do", *The Schools We Need: Creating Small High Schools that Work for Us*, http://www. whatkidscando. org, 2003.

④ 参见凯瑟琳·波克（Catherine Burke）等著、祝莉丽等译：《我喜欢的学校——通过孩子们的心声反思当今教育》，中国轻工业出版社，2006年版。

⑤ 李建平：《一次撞击心灵的培训——3000幅儿童画让教师受到心灵洗礼》，《中国教育报》2004年7月31日第2版。

设"儿童友善的学校教育环境（Child Friendly School）"①、促进儿童愉快有效的学习提供依据。其次，收集、整理儿童关于教育的话语和论述，可以丰富和扩展教育研究的范式和表述体系，从而为教育研究的发展提供新的思路。最后，透过儿童的眼睛看教育，从儿童的角度来理解儿童的教育观可以为审视和观察复杂的教育现象提供一个新的角度（其实这也是解除了种种学科规训后，回归到教育起源的最本真角度），启发人们对教育的多元想象，探索教育多样发展的可能性。

本研究就是这样一部满载儿童心声的作品。我们在北京市怀柔区和湖北省恩施市的四所中小学校征集了 591 份以"我心目中的学校"为主题的儿童作品，并结合田野调查的资料对这些作品进行解读，描画了儿童心中理想学校的蓝图，以此构建儿童的学校观、教育观。本书共七章：第一、二章为理论部分，论述了"儿童视角的教育研究"的内涵和方法，是后文实证研究的基础；第三至六章为研究发现，根据儿童作品中呈现的主要内容，讨论了儿童对学校的目的与功能、校园建筑、师生关系、课程教学四个主题的看法；第七章为研究结论，根据研究发现对当今的学校教育进行了反思，阐述了我的儿童观和教育观，并提出了教育建议。结语部分对本研究进行了反思，讨论了研究的伦理问题，以及对后续研究的思考。

在导言的最后，我想强调的是，当今社会，儿童依然受到成人的控制。正如瑞吉欧教育先驱洛利斯·马拉古兹在《孩子有一百种语言》中写到的，"孩子有一百种语言，却被偷去了九十九种，而偷走孩子语言的正是学校和文明。"在现实世界中，儿童仍旧缺乏足够的表达机会，儿童的声音常常被忽视，儿童的意见仍未被听取。② 因此，我期待大家能带着珍视和欣赏儿童的心情来阅读后面的文字，特别是儿童作品的部分。如果能以本研究引起读者对倾听儿童心声的兴趣与思考，已经可以算是本研究价值的一种实现了。

---

① 又译作"爱生学校"。此为联合国儿童基金会20世纪90年代后期在东亚一些国家开展的基础教育合作实验项目。爱生学校致力于为全体儿童提供优质、有效、安全、健康的学习环境，促进儿童的全面发展，并强调性别平等及保障儿童的参与权利。爱生学校的理念是《儿童权利公约》的具体实践和体现，目前正作为教育部与联合国儿童基金会的合作项目在我国西部广大项目地区开展广泛实践。

② 对现实情况的具体分析请见本书第一章。

第一章

儿童视角的教育研究释义

> 在人生的秩序中，童年有它的地位；应当把成人看作成人，把孩子看作孩子。
>
> ——卢梭，《爱弥儿》①
>
> 首要的教育问题应该是：对儿童来说，在这样的环境中他们的经历和体验是什么样子的？
>
> ——兰格威尔德②

考察儿童的意见并非全新的理念。儿童视角的教育研究正是对"儿童中心"思想的延续，并在此基础上提出了让儿童作为主体而发声的观点。因此，在阐述"儿童视角的教育研究"的意涵之前，有必要对相关文献进行述评。本章共四部分，第一部分"儿童观发展的三部曲"重点阐述了从"没有儿童"到"儿童的发现"再到"儿童中心"的发展脉络及其意义，说明了"儿童视角的教育研究"的理论价值。第二部分"受教育儿童不幸福的校园生活"通过描述我国儿童在当今学校教育实践中不幸福的种种现象，阐述了开展"儿童视角的教育研究"的现实必要性。第三、四部分在文献综述的基础上，对"儿童"和"儿童视角"这两个核心概念作了界定，阐释了"儿童视角"的理念，并分析了"儿童视角"的基本特征。这对后文实证研究的设计和资料分析都有指导作用。

---

① 卢梭著、李平沤译：《爱弥儿》，商务印书馆，1978 年版，第 74 页。
② 转引自马克思·范梅南著、宋广文等译：《生活体验研究——人文科学视野中的教育学》，教育科学出版社，2003 年版。

一、儿童观发展的三部曲

对西方儿童观的发展历史，目前比较达成共识的是三阶段说，即儿童观的演变大致可以分为三个时期：没有儿童的时期（原始社会—中世纪末）、"发现儿童"的时期（文艺复兴时期—20世纪60年代）、现代儿童观时期（20世纪70年代至今）。[①]

在没有儿童的时期，并不是说不存在"作为生物体的儿童"，而是指"作为观念的儿童"并未受到人们的重视。从古代直至中世纪末，"儿童"和"成人"这两个概念并没有从宽泛的"人"的概念中分离出来，儿童被当做"小大人"来看待，被认为是"具体而微的成人"，不具有独特的存在价值。

"儿童"概念得以产生的最重要、最直接的基础是人格的独立和平等。14至17世纪的欧洲文艺复兴运动以及18世纪的思想启蒙运动强调人的价值、尊严后，儿童才被"发现"，并产生了"童年"的概念和儿童观。文艺复兴时期，人文主义的世界观沉重地打击了中世纪教会的"原罪说"人性观，为近代儿童观的诞生铺平了道路。16世纪时，理性主义在各种思潮中占有主流地位，人们开始对儿童产生兴趣，逐渐意识到儿童作为一个群体的存在。18世纪的启蒙运动带来了进步思想意识的开端，涌现了卢梭的自然主义儿童观。这种儿童观认为：儿童时期的存在是客观的，是一种自然规律；儿童是真正意义上的人，具有不同于成人的精神生活，具有独立的存在价值；人们应当尊重儿童。卢梭在《爱弥尔》中写道："大自然希望儿童在成人以前就要像儿童的样子。……如果我们打乱了这个次序，我们就会造成一些早熟的果实，它们长得既不丰满也不甜美，而且很快就会腐烂：我们将造就一些年纪轻轻的博士和老态龙钟的儿童。"[②] 卢梭在西方最早发现了"儿童"，但此时只是从"国"或"家"的角度来认识儿童的价值，把儿童仅仅看做未来的就业者或家庭的私有财产。儿童只是依附父母的人，并没被成人社会确认为独立的个体，更不用说成为在社会和家庭中享有权利的个体了。

儿童被发现后，一大批教育人士进入到儿童研究的行列。其中，不难发现一个个彪炳教育史册的名字：杜威、蒙台梭利、裴斯泰洛齐、福禄贝尔……其

---

① 参见刘晓东：《儿童文化与儿童教育》，教育科学出版社，2006年版。
② 卢梭著、李平沤译：《爱弥儿》，商务印书馆，1978年版，第91页。

中，最著名的就是杜威和他的"儿童中心观"。杜威十分重视儿童的经验，以及教育对儿童经验的重组与建构，并以此为核心构建了一套"儿童中心"的教育体系，在世界范围内产生了深刻影响。杜威特别强调童年生活的独特价值，主张要从儿童现在的角度，而不是从儿童未来的角度来考虑童年生活。他指出："生活就是生长，所以一个人在一个阶段的生活，和在另一个阶段的生活，是同样真实、同样积极的，这两个阶段的生活，内容同样丰富，地位同样重要。因此，教育就是不问年龄大小，提供保证生长或充分生活的条件的事业"，教育者要"尊重未成熟状态"。①

20 世纪 70 年代，随着"教育心理化"运动的推进、儿童心理学的建立，"儿童的世纪"口号被提出，现代儿童观开始形成。这种儿童观把儿童看成独立的人，标志着全社会对儿童心理发展规律和儿童权益的发现、承认和尊重，更开启了儿童思想研究的大门，例如李普曼（Matthew Lipman）对儿童哲学的研究就是很有特色的。这些研究对于帮助我们了解儿童对世界的认识与理解很有启发。

我国儿童观的演变也经历了类似这样一个从"隐匿到发现"的过程。五四新文化运动前，我国传统文化中几乎是没有"儿童"概念的。1918 年 5 月 4 日，鲁迅在《新青年》上发出"救救孩子"的激情呐喊，随即引发了胡适、周作人等对儿童的研究。周作人在《儿童的文学》中写道："儿童在生理心理上，虽然和大人有点不同，但他仍是完全的个人，有他自己的内外两面的生活。儿童期的二十岁年的生活，一面固然是成人生活的预备，但一面也自有独立的意义与价值。"② 周作人致力于建立"儿童本位"的儿童文学理论。因为这些努力，他被誉为"最早在中国发现儿童的人"。

五四新文化运动以来，新的儿童观逐渐确立。和传统的儿童观相比，新的儿童观强调尊重儿童的独立人格和社会存在，从而使在中国传统文化中被长期遮蔽的儿童开始进入人们的视野。例如，陶行知深受杜威的影响，他批评中国传统的儿童观"不是把儿童看作是没用的，就是看成小大人，不尊重儿童的地位，没看到儿童的能力"，更别提根据儿童的发展水平进行教育了。他极力推崇儿童的话语和儿童的地位，主张教师要向儿童学习，实施让儿童自由发言、自由活动、自由创造的"创造的儿童教育"，才能培养儿童的创造力，解

---

① 转引自刘晓东：《儿童文化与儿童教育》，教育科学出版社，2006 年版。
② 周作人：《儿童的文学》，《新青年（第八卷第四号）》1920 年第 20 期。

放儿童，"使儿童脱离苦海进入乐园"。①

此后，由于中国现代社会特殊的时代背景，在战争频仍、社会动荡的年代，儿童本体的生命体验很大程度上被宏大的时代背景所淹没，对儿童的关注相当有限。此后，在不同时期，对儿童的关注也呈现出不同的特点，对儿童的关注从人道主义和社会学的立场逐渐转变为对儿童的生命体验和内心世界的关注。

总地说来，中外儿童观的演变经历了"没有儿童—发现儿童—儿童中心"的历史阶段，可对其发展历史作这样一个概括：（1）从把儿童看成小大人（即没有儿童概念）到产生了儿童概念，从简单的儿童概念到儿童概念的内涵愈来愈丰富；（2）从成人中心到意识到儿童期的存在，直到以儿童为中心的主张，逐渐认识到成人和儿童的平等关系；（3）由儿童在成长过程中基本上由成人盲目地、任性地对待到承认儿童精神世界的存在。② 如今，儿童的主体性和行动力正越来越受到人们的关注。

儿童视角的教育研究，从其所秉承的儿童观在教育发展脉络中的地位来看，正是延续了尊重儿童主体性和独特价值的传统，是一个从"儿童的发现"到"儿童的发声"的过程，强调的不仅是儿童作为教育对象的"被（成人）看见"，还是儿童作为主体的主动"现身"，是对儿童表达的强调，其实质是尊重、保障儿童对教育的话语权，探寻儿童的学校观、教育观。

二、受教育儿童不幸福的学校生活

儿童的大部分时间都是在学校中度过的。因此，了解儿童的学校生活是了解儿童生活的重要内容。人们希望"校园是儿童的乐园"，然而，在教育实践中，忽视儿童需要、压抑儿童情绪、限制儿童发展、侵害儿童权利的事情却时有发生，儿童的校园生活并不幸福，具体表现在以下方面。

儿童的情绪是压抑的。班马认为，成人对儿童的压制实际上是一种使儿童社会化的过程。"家庭的禁忌和社会的挑战都是在执行着社会学的职能，训导着儿童去适应社会生活。在这一过程中，不可避免地遗留下了儿童压抑的

---

① 参见陶行知，《创造的儿童教育》，《大公报》1944 年 12 月 16 日。
② 参见刘晓东：《儿童文化与儿童教育》，教育科学出版社，2006 年版。

'情绪'。"① 王宜青也认为，儿童自然天性的释放总受到家庭、学校和社会的外部管束，从而使得儿童经常处于被压制和冷落、面临禁忌和挑战的生存环境中，容易产生压抑的情绪。②

儿童的需求得不到满足。王俊的研究可对这一现象作一个很好的注脚。他对新课程提出的"人人学有价值的数学"进行反思认为，这个原本试图让教师站在更高视点的概念正变得越来越狭隘，其原因就在于我们只是用成人的眼光来审视数学在生活中的应用（而且仅仅是那些看得见、摸得着的应用）。他认为，成人狭隘的"有价值的数学"视角忽视了儿童学习过程中的种种心理与需求，从而主张教师"尽可能地蹲下身子，从儿童的视角去体会、去审视自己的教育教学行为"，使"有价值的数学"不只追求成人视野里的"目标价值"，也能实现其对儿童生命成长所应具有的"过程价值"。③

受教育儿童的生活不幸福。熊华生认为，受应试教育的影响，中国"受教育"的儿童太苦太累了。他们的生活是不幸的，具体表现在：权益受侵犯、基础需求得不到保证；生活受控制，缺乏自主与生活乐趣；童年消逝。④

这些不幸福的现象所导致的结果是我们所不愿见到的。迪尔登（R. F. Dearden）在《幸福与教育》中指出，幸福感对有效学习的产生有重要的作用，甚至可以说，不幸福、不快乐的儿童将不能学到真正有价值的知识。他反对使用残忍的和无情的教学方法，因为它们虽然暂时有助于获得技巧，但最终却使多数儿童疏离整个教育事业。

为改善这一状况，很多研究者强调要重视儿童，珍视儿童的生活以及儿童的情绪体验，才能真正有助于儿童的成长。金生鈜认为，儿童的精神品质只能在快乐、幸福和积极向上的教化体验中获得发展。因此，教育是否把儿童的快乐、幸福、自尊、纯真、活泼、自由、权利等作为自己的基本出发点，直接涉及到教育是否具有人文关怀的正义性问题。⑤ 刘晓东提醒教师不应忘记：儿童原生态的生活本身对于儿童的成长是极端重要的，成人应当在教育背景中为儿童留下足够的"空白栏"，从而让儿童有充分的、可自主支配的时间和空间，

---

① 参见班马：《游戏精神与文化基因》，甘肃少年儿童出版社，1994年版。

② 参见王宜青：《儿童视角的叙事策略及心理文化内涵》，《浙江师大学报（社会科学版）》2000年第4期。

③ 参见王俊：《关注儿童视角中"有价值的数学"》，《江苏教育》2007年第1期。

④ 参见熊华生：《为了孩子的幸福与发展——教育目的新论》，华中师范大学博士学位论文，2006年。

⑤ 参见金生鈜：《"规训化"教育与儿童的权利》，《教育研究与实验》2002年第4期。

自由自在、悠游余裕、不受打扰地享受大自然为儿童准备的种种"厚礼"（弗洛伊德语）。①

此外，还应看到，"儿童"是一个集合概念，而在具体教育情境中的儿童却是有着鲜明个性的个体。在教育中重视儿童，也要尊重儿童的个体差异。正如雅努斯·科亚克（Janus Craik）在 1919 年出版的《如何去爱一个孩子》一书中所说："一百个儿童就是一百个独立的个体，是一百个人，而不仅仅是未成年人；不仅仅是将来的人，而是确确实实的、现在的、今天的人。"② 这种对于"儿童"的复杂性、差异性的关注在进行"儿童视角"的教育研究时也是不应忘记的。

三、"儿童"概念界定

1. "儿童"与"学生"

人们一般以年龄来区分儿童和成人，虽对具体的年龄界限尚有争论，国际通用标准是 18 周岁。联合国《儿童权利公约》第一条即指出"儿童系指 18 岁以下的任何人"，对应我国的学校教育体系，从刚出生的婴儿到高中生，都可称做"儿童"。

这一"儿童"概念与我们日常的理解有所不同。我们习惯性地把中学以前的孩子（一般小于 12 岁）称为"儿童"，而把中学后的未成年人（12—18 岁）称为"青少年"。本研究采用《儿童权利公约》中的界定主要有两个考虑：一是为方便进行国际比较研究。国外很多相关研究的对象都包括了 18 岁以前的未成年人，本研究采取这样的儿童概念是为了和国外研究统一口径。二是因为我国的法律条文也是以"十八周岁"作为划分公民是否需要为自己的行为负法律责任的标准。《中华人民共和国民法通则》第十一条规定，"十八周岁以上的公民是成年人，具有完全民事行为能力，可以独立进行民事活动，

---

① 参见刘晓东：《从学习取向到成长取向：中国学前教育变革的方向》，《儿童发展与教育研究》2006 年第 4 期。

② 转引自屠美如：《向瑞吉欧学什么——〈儿童的一百种语言〉解读》，教育科学出版社，2002 年版。

是完全民事行为能力人。"① 我国也针对十八周岁以下的公民出台了专门的法律，如《中华人民共和国未成年人保护法》，以"保护未成年人的身心健康，保障未成年人的合法权益，促进未成年人在品德、智力、体质等方面全面发展，培养有理想、有道德、有文化、有纪律的社会主义建设者和接班人"。该法第二条即明确指出："本法所称未成年人是指未满十八周岁的公民。"因此，本研究采用"十八周岁"的标准有助于和我国的法律、政策保持统一，以便于结合我国儿童所具有的法律权利、责任和义务说明相关问题。

在我国已基本普及义务教育、确保学龄儿童受教育权利的背景下，中小学生（7—18 周岁）构成了本研究所称的"儿童"的主体。② 尽管本研究只是以中小学生为研究对象，但仍然使用"儿童视角"的说法，而不用"学生视角"的理由在于："学生"对应的概念是"教师"，而"儿童"对应的概念是"成人"，"成人"不仅包括了教师、还包括家长、教育研究者、教育管理者以及更广泛的社会大众，所以使用"儿童"概念具有更大的包容性。此外，学生是一种制度身份，这一概念本身即已预设了学校教育体制的前提，以及学生作为学校教育的基本构成要素的假设。③ 本研究试图从人性的角度反思学校教育，在研究之初，期望对学校教育的本源等基本问题保持一种开放的心态，故采用了"儿童"这一更接近"人"本身的概念。

2. "儿童"与"童年"

在讨论"儿童"概念的时候，还有一个不能不提的概念，那就是"童年（childhood）"。厘清"童年"概念对帮助我们理解儿童的独特价值有重要意义。儿童作为人这种生物体的一个发展阶段，从人类产生之初即已存在，但这只是物理上的存在，与观念上的存在无关。波兹曼在其名著《童年的消逝》

① 该条文后还有一句话，"十六周岁以上不满十八周岁的公民，以自己的劳动收入为主要生活来源的，视为完全民事行为能力人"，从而对不满十八周岁但可视做完全民事行为能力人的情况进行了规定。我认为，这一补充说明并不足以对"十八周岁"这一划分标准的权威构成挑战。恰恰因为年龄不够，才要考虑附加条件，十六、七岁就自力更生的人已经可以认为心理年龄达到"十八周岁"了。此外，现实中符合这一补充说明情况的也相对较少。

② 当然，还有学龄前儿童和适龄但失学、辍学的儿童，他们对于教育的看法也是非常值得研究的问题。

③ 例如，从法学的角度来看，学生是指"在依法成立或国家法律认可的学校及其他教育机构中按规定的条件具有或获得学籍的公民"。可见，学生是兼有公民与受教育者的双重身份的群体。参见余雅风：《学生权利概论》，北京师范大学出版社，2009 年版，第 5 页。

中对"儿童"观念上的存在形式——"童年"进行了探讨。波兹曼认为,印刷媒介有效地将成人世界与儿童世界隔离,由此发明了童年。既然童年并不是一种天生的权利、一种超越社会和经济阶层的思想,而是由社会的大众媒介形式决定的,那么当媒介形式发生改变,以电视为中心的媒介成为主要的媒介环境时,成人与儿童世界的界限变得模糊,就导致了童年的消逝。①

波兹曼的观点引发了很大争议。不管是否支持"童年会因为媒介形式的改变而消逝"的观点,目前国际社会都基本认同以下三个关于"童年"的理念:第一,必须把儿童当"人"看,即承认儿童具有与成人一样的独立人格,而不是成人的附庸;第二,必须把儿童当"儿童"看,即承认并尊重童年生活的独立价值,而不仅仅将它看做是成年的预备期;第三,尊重儿童、保护儿童并促进儿童身心健康发展是每一个人道社会的责任。

然而,从我国的实际情况来看,上述有关"童年"的种种理念尚未完全变为现实。卜卫认为,"在我国,童年概念并未成为普遍的社会事实,儿童生存、发展和受教育还存在较多的问题,更需要注意的是,童年还未成为一种社会普遍接受的概念,而只是少数知识分子头脑中的社会理想"。漠视童年的独特价值的结果,就是"儿童成长的社会氛围是鼓励儿童尽早成为'标准化的成人'。在这个标准化的过程中,儿童的生命过程本身却被忽略了"②。

教育研究中也难觅儿童的身影。刘晓东认为,从总体上来看,中国的教育学包括学前教育学的"深层语法"中还没有"儿童"这一概念的容身之地。"国人迄今还没有领会儿童中心主义的妙处,依然把儿童中心主义视为一种走极端的谬见,总希望在所谓'社会中心'与所谓'儿童中心'之间取一个折衷的方案。"③

总之,上述观点均强调认识、尊重儿童有别于成人的独特价值。但,究竟怎样的儿童才是"真正"的儿童?儿童应该拥有怎样的"童年"?对这些问题的回答是众说纷纭的。有人出于浪漫主义的情怀,把人类追求的一切美好品性赋予儿童,认为儿童必然是纯真、善良、快乐、朝气蓬勃、对世界充满好奇的。一旦儿童表现出世故、功利、焦虑、沉寂、漠然的时候,就惊呼"他/她已经不是儿童了"。本章无意对这一看法进行批判,列举这种观点只是想说

---

① 参见尼尔·波兹曼著,吴燕莛译:《童年的消逝》,广西师范大学出版社,2004年版。

② 卜卫:《捍卫童年》,《读书》2000年第3期。

③ 参见刘晓东:《从学习取向到成长取向:中国学前教育变革的方向》,《儿童发展与教育研究》2006年第4期。

明，任何先入为主、一概而论的儿童观念对于了解、认识真实、具体的儿童都是一种危险。因为它会变成关于儿童的"刻板印象"①，不但会限制儿童个性发展的可能性，还会蒙蔽我们的眼睛，让我们看不见现实世界中丰富多样的儿童形象。因此，本研究不拟预先描画出儿童的整体形象，而试图从儿童的作品中解读出当代儿童的个性、形象。

四、"儿童视角" 概念界定

1. "儿童视角" 的涵义

视角（Perspective，有透视镜之意）原是绘画透视学中的术语，是指画家在观察和描绘人物时选择的角度。后来，这一概念被用于文学中，并成为文学理论的一个专门术语。简言之，视角是作者或叙述者审视世界的眼光和角度，是"小说家为了展开叙述或为了读者更好地审视小说的形象体系所选择的角度及由此形成的视域"。20世纪上半期，视角问题曾被认为是理解小说最主要的问题。托多罗夫曾说："视点问题具有头等重要性确是事实。在文学方面，我们所要研究的从来不是原始的事实或事件，而是以某种方式被描写出来的事实或事件。从两个不同的视点观察同一个事实就会写出两种截然不同的事实。"② 视角可划分为不同类型，例如，传统文论将视角分为全知视角、限知视角或外视角、内视角；还可以根据性别、年龄对视角进行分类，即分为男性视角—女性视角、成年人视角—未成年人视角、老年视角—中年视角—少儿视角。

本书采用年龄的标准划分出"儿童视角"。对"儿童视角"的界定并不多见，且主要集中于文学领域。例如，吴晓东等认为，儿童视角是指"小说借助于儿童的眼光或口吻来讲述故事，故事的呈现过程具有鲜明的儿童思维的特征，小说的叙述调子、姿态、结构及心理意识因素都受制于作者所选定的儿童

---

① "刻板印象"是认知上的预设框架。刻板印象常常是过度类别化的结果。它抽取了特定群体的某些生理、心理、社会及行为特征，以高度简化、概括化的方式，建构出一组独特的符号论述并加诸该群体之上。刻板印象对人们认知的危害在于，它容易使人忽略对特定个体的具体考察，而仅从其隶属的群体特征去推论该个体的特征。参见郑新蓉：《性别与教育》，教育科学出版社，2005年版。

② 转引自王宜青：《儿童视角的叙事策略及心理文化内涵》，《浙江师大学报（社会科学版）》2000年第4期。

的叙事角度"①。

王宜青认为，"儿童视角"通俗来讲就是透过儿童的眼睛看世界。若要对"儿童视角"加以界定，她认为，就是"用孩童的眼光、态度、思维方式和价值取向，作为创作主体挑选素材、组织情节的过滤器、摄像机甚或监视孔，并表现与儿童感知发生联系的那部分现实生活景观"②。

赵建晖认为，"儿童视角"指的是借助儿童的眼光或口吻来叙述故事，故事的呈现过程具有鲜明的儿童思维特征，即以儿童或者成人转换成的儿童作为叙述者，用单纯幼稚清新的叙述口吻，平静客观地呈现儿童的印象和感觉，展现儿童视野里的世态人生。③

上述吴晓东的定义是被引用较多的定义，此外还有一些定义，虽然在表述上有所差别，但内容大致相同，即都认为"儿童视角"是指作家化身为儿童，以儿童的眼睛和心灵去观察、体味人世百态。从这些定义可以看出，在文学领域，"儿童视角"只是作为一种叙述的方式或手段（可从上述三个定义中"借助"、"转换"等动词的使用和"过滤器、摄像机、监视孔"等比喻看出来），其目的是透过儿童视角的叙述，让读者了解成人社会。"成人作者选择了儿童作为打量世界的叙事角度，借助儿童的思维方式进入叙事的话语系统时，并不以对儿童世界的描摹和建构作为自己的审美追求，而是要将儿童感觉中别致的成人世界挖掘和呈现出来，以宣泄心中积郁的思想和情感。"④ 从这个意义上说，文学领域中的儿童视角实质上是成人用以观察和反映世界的视角的隐喻或载体。可以说，文学中对"儿童视角"概念的界定多采用的是工具性定义。

和文学领域不同的是，教育研究中的"儿童视角"具有更多本体论上的意义。儿童作为教育的主体和受众，享有对教育最大的话语权力。儿童视角的教育研究并不是要"借助"儿童的眼睛或嘴巴去看或说成人的教育观念，而是要让儿童有机会说出他们看到的教育现象，表达他们对教育的理解和看法。从这个意义上可以说，在教育学领域，儿童视角不仅是一种表述方式，也是教育研究的内容本身。所以，有必要对"儿童视角"这一概念进行教育学意义上的重新定义。

---

① 吴晓东等：《现代小说研究的诗视域》，《中国现代文学研究丛刊》1999 年第 1 期。

② 参见王宜青：《儿童视角的叙事策略及心理文化内涵》，《浙江师大学报（社会科学版）》2000 年第 4 期。

③ 参见赵建晖：《鲁迅在〈社戏〉中为什么选用儿童视角?》，《语文建设》2006 年第 11 期。

④ 王黎君：《儿童视角的叙事学意义》，《绍兴文理学院学报》2004 年第 4 期。

植根于现代儿童观，"儿童视角"的教育研究应包含以下三个基本涵义①：

第一，"儿童视角"的教育研究承认儿童的独特价值，并以尊重、保护儿童的独特价值为己任；

第二，"儿童视角"的教育研究强调赋予儿童自由表达的机会，让儿童能够说出自己的教育体验以及对教育的看法；

第三，"儿童视角"的教育研究珍视儿童的每一个观点，不以成人的标准对其进行评价。相反，"儿童视角"的教育研究主张成人研究者站到儿童的一边，了解儿童的真实处境和生活体验，从儿童的角度理解儿童的看法，并据此反思既有的教育观念和实践。

2. 相关概念辨析

为了更好地阐明"儿童视角"的概念，有必要将它与几个相关概念进行辨析，这些相关概念包括"儿童的"、"为了儿童的"和"关于儿童的"。

"儿童的（Of children）"是与"儿童视角（Children's Perspective）"最为接近的一个概念，二者都是以儿童为主体和研究立场，强调是"儿童自己的"。实际上，儿童视角的一定就是"儿童的"，只是"儿童的"还包括其他切入角度，如"儿童权利的"、"儿童受益的"等等。

人们容易将"为了儿童的（For children）"和"关于儿童（About children）"的概念等同于"儿童视角"的概念。理想状态下，这三者应该是合为一体的，但现实中，这三者的实现方式还是有一定区别。借鉴一些学者对"儿童文学"和"儿童视角的文学"的辨析②，"为了儿童"、"关于儿童"、"儿童视角"三个概念并不是对同一属性进行的规定，而是分别指向目标、基础和策略。因此，若这三者背后的理念不能达成一致，其实现形式必然会有所差别。具体说来，"儿童视角"强调以儿童为观察和论述的主体，可将研究者看做是与儿童合为一体的，真实地传达儿童的声音是作为成人的研究者的首要任务。而在谈到"为了儿童"或"关于儿童"时，研究者其实是将儿童作为外在的对象，根据他们对儿童的了解和认识进行研究和设计，并不必然要求倾

---

① 第七章对此进行了进一步阐述。

② 王黎君认为，儿童视角的文学是以儿童的眼光看待成人社会，暗含了儿童视角和成人视角的复调合唱，常常反映了深刻的社会主题。而儿童文学需立足儿童的心理特点，反映的仅是儿童的生活。参见王黎君：《儿童视角的叙事学意义》，《绍兴文理学院学报》2004 年第 4 期。

听儿童的声音、了解儿童的想法。因此,"为了儿童的"和"关于儿童的"并不一定就是儿童认可的、喜欢的、需要的(这正是我国当前很多教育实践暴露出的问题),因而并不能称之为"儿童视角"的,甚至有可能是非常"成人视角"的。

3. "儿童视角"的特征

文学领域中对使用儿童视角作为叙事方式的文本的特征进行了一些研究。[①] 总结起来,主要有以下几点:

(1) 有限的

根据传统文论对视角的划分,儿童视角是一种限知视角。儿童作为"所说"和"所看"的主体,身处事件之中,对事件的观察受制于其所处的位置及和相关人物的关系,难免出现"不识庐山真面目,只缘身在此山中"的情况。

(2) 关注细节的

儿童视角的叙事中很难看到对一个场景的宏大描述,也少见严密、系统的逻辑推论,而是集中于细节,多见对具体事物或特征的深描,且这些描述常常是"零散的"(这或许也是儿童的思维与逻辑的一种体现)。

(3) 不理解的

儿童对生活的透视受囿于已有的知识经验和认知水平,因而在面对成人世界的复杂现象和事件时常常呈现出"不理解"的特点。我们所接触到儿童视角的叙事常常就是不断通过儿童的视觉和感觉,来观察儿童所不理解的成人社会的人与事,暴露出儿童所不具备的知识和价值。

(4) 反映原生态生活

正是由于儿童对成人社会价值及关系的"不理解",儿童无法对自身所看、所听之事"祛魅去蔽",使得儿童视角在呈现世界的原生态面貌上有着成人视角不可替代的优越性。丰子恺将儿童视角的这一特征称做"绝缘"。他所认为的这种"绝缘"不仅是指儿童孤立地看事物,看见的是孤独的、纯粹的

---

① 参见王宜青:《儿童视角的叙事策略及心理文化内涵》,《浙江师范大学学报(社会科学版)》2000年第4期;王黎君:《儿童视角的叙事学意义》,《绍兴文理学院学报》2004年第4期;姜瑜、沈杏培:《儿童视角的诗学阐释及其对现当代文学研究的意义与价值》,《伊犁教育学院学报》2006年第3期;赵建晖:《鲁迅在〈社戏〉中为什么选用儿童视角?》,《语文建设》2006年第11期。

事物的本相，还指儿童去除了利益关系的有色眼镜，看到了非功利性的事物本相。

（5）陌生化效果

由于儿童看世界的方式和成人的差别，在看待同一事物或经历同一事件时儿童会有不同于成人的关注和感受。这些恰恰是成人已经忘却或不易体察的部分，仿佛把熟悉的场景"陌生化"了一样，呈现出一个新奇的世界。儿童在对日常生活经验进行表述时流露出一种不经意的深刻，足以引发对社会主题的思考。

（6）具有多样的表达方式

儿童看待世界的方式不同于成人，在表达上也有自己的方式。瑞吉欧学前教育的倡导者洛利斯·马拉古兹曾写诗盛赞"儿童的一百种语言"。这里的"一百"是一种修辞手法，实际上是许多许多的意思，正如洛利斯·马拉古兹诗中所说的"这一百是一百个一百的一百"。儿童的语言可以是文字，还可以是动作、图形、绘画、建筑、雕塑、戏剧、音乐等等。要真正读懂儿童的内心世界，就要了解并尊重儿童自己的语言和表达方式。因此，儿童视角的表达方式也是多种多样、丰富多彩的。

这些特点揭示了"儿童视角"与"成人视角"的区别，对后面具体研究的设计、资料分析也起到了指导作用，其在儿童作品中的体现也蕴含在第三至七章的具体阐述中。

第二章

如何进行儿童视角的教育研究

> 问题在于，孩子们想要被看见但又不总是被"看透"。
> ——马克思·范梅南，《儿童的秘密》①
> 要想寻找人迹，就要首先找到灯光。
> ——尼采②

　　尽管站到了儿童一边，但发现儿童的内心世界对研究者来说仍是一个挑战。尼采曾针对哲学家狄奥根尼（Diogenes）③ 的行为提出两个问题：对人性的研究有何意义？这种研究需要怎样的方法论？对这两个问题的解答也是进行儿童视角的教育研究必须完成的工作。本章从儿童的表达权利以及儿童的表达需要入手，说明儿童应当、能够、且渴望自由表达，回答了"儿童视角的教育研究何以可能"这一根本问题。接着，本章讨论了儿童视角的教育研究的方法论问题，特别强调了质性研究及现象学教育学对儿童视角的教育研究的价值和意义，并以此为指导开展了一项实证研究。本章的第四、五部分即是对该项研究的设计、实施过程及资料整理的具体说明。我们期望通过对该项研究的介绍，可以使大家对儿童视角的教育研究的实际操作有一些感性认识。

---

　　① 马克思·范梅南等著、陈慧黠等译：《儿童的秘密——秘密、隐私和自我的重新认识》，教育科学出版社，2004 年版，第 187 页。
　　② 参见马克思·范梅南著、宋广文等译：《生活体验研究——人文科学视野中的教育学》，教育科学出版社，2003 年版。
　　③ 狄奥根尼是公元前 4 世纪的希腊哲学家，他曾在大白天打着灯笼满大街地寻找"真正的人"。这恐怕是他最为后人传诵的事迹了。

一、儿童有自由表达的权利

联合国《儿童权利公约》确定了儿童的四项基本权利——生存权、受保护权、发展权、参与权。其中，"参与权"是指儿童有参与家庭、文化和社会生活的权利，并有权对影响他们的一切事项发表自己的意见。这后半句实际上说的就是儿童的"表达权"。该公约第十二条明确规定"缔约国应确保有主见能力的儿童有权对影响到其本人的一切事项自由发表自己的意见，对儿童的意见应按照其年龄和成熟程度给予适当的看待"。第十三条对此作了更具操作性的叙述："儿童应有自由发表言论的权利；此项权利应包括通过口头、书面或印刷、艺术形式或儿童所选择的任何其他媒介，寻求、接受和传递各种信息和思想的自由，而不论国界。"

我国是《儿童权利公约》的缔约国，有责任和义务履行公约的规定。事实上，我国的相关法律也有针对儿童自由表达的条文，如《未成年人保护法》即重申了"生存权、发展权、受保护权、参与权"为未成年人的四项基本权利。可见，参与社会事物、自由表达意见是儿童享有的法律权利。

有关儿童话语的另一个观点认为，儿童话语之所以得不到有效表达是由儿童语言能力的欠缺造成的。很多学者对这一观点提出了挑战。例如，被誉为"最成功的幼儿教育"的意大利瑞吉欧的幼教模式正是对儿童语言的积极倡导。他们放开了对儿童表达途径的限制，鼓励幼儿经由各种方式探索环境和表达自我，认为文字、动作、图形、绘画、建筑、雕塑、皮影戏、拼贴、戏剧或音乐等都是儿童的语言，是儿童认识世界的途径。

古秀蓉引入"默会知识"（也称"缄默知识"）的概念，认为瑞吉欧教育倡导提出的一百种语言都是儿童自身意识到的，还有一部分是儿童自身没有意识到、但确实已被儿童内化的知识和价值已经转化成儿童的"默会知识"。需要通过对儿童的行为和具体情景的综合考察才能发现儿童的默会知识。①

史爱华认为，当儿童的话语权被剥夺时，有声语言就可能转化成一种内部

---

① 参见古秀蓉、武建芬：《默会认识论：理解儿童的新视角》，《山东教育学院学报》2006 年第 2 期。

语言，而这种内部语言是一种"潜声音"，常常借助肢体语言的形式表现出来。①

以上关于儿童话语和儿童表达的研究说明，儿童应当、而且能够成为话语主体，享有自由表达的权利。波兰尼有句名言："我们知晓的比我们能言传的更多（We know more than we can tell）。"对儿童来说更是如此。上述研究也提醒我们，儿童不是缺乏表达的能力，只是表达的形式与成人不尽相同。儿童语言的表达方式十分多样，且有显性、隐性之分。只有突破成人思维的限制，才会发现生动、丰富的儿童话语。儿童话语的这些特点对我们倾听儿童的"声音"② 提出了挑战。

二、儿童渴望自由表达

尽管儿童的话语权利受到法律的保护，但这一规定在很大程度上还只是停留在理念层面，尚未落实。在现实中，儿童的表达机会很少，儿童的表达自由经常被限制，儿童还未成为真正意义上的话语权利主体。

2003 年北京教育科学研究院组织了一次"儿童心目中的好老师"征文征画活动，北京教育科学研究院张铁道研究员在点评该活动时说道："过去，我们谈教育、谈教师，都是由教育专家谈、领导谈、教育科研人员谈，惟独没有让儿童谈。大家都认为儿童没有能力、没有资格谈，甚至觉得没有必要让儿童谈。"③ 这段话很好地说明了儿童在有关教育的论述中被噤声的状态。实际上，这种情况是比较普遍地存在的。例如，台湾学者郭瑞坤考察了台湾教育改革的逻辑认为，关于"教育究竟是/要什么（what/for）"这个问题的解答多是从成人角度来谈的，"仿佛有一个成人世界（老师、家长、官员还有研究者等）正往孩子的方位靠近去感受与体贴孩子的教育处境"，认为教育中对儿童的要求就是"有耳无嘴"。④ 郭瑞坤把学生在教育中的这

①　参见史爱华：《儿童的"潜声音"是一种有价值的存在——教育情景视角》，《学前教育研究》2007 年第 6 期。

②　这里用"声音"指代儿童话语的多种形式，文中已说明儿童话语的表达不止出声的说话一种形式。

③　李帆、任国平：《把儿童的视角纳入教育——与北京教育科学研究院副院长张铁道博士的对话》，《人民教育》2003 年第 22 期。

④　参见张盈堃、郭瑞坤等：《谁害怕教育改革？——结构、行动和批判教育学》，台湾洪叶文化，2005 年版。

种"失语般的学习经验"视做学生的"沉默文化"。"沉默文化"源自巴西教育家保罗·弗莱雷（Paulo Freire）的解放教育学，对应这一概念的就是被压迫者的主体发声。因此，郭瑞坤主张研究儿童在教育中"隐而不显的声音存有状态"，从而打破学生的沉默文化，使学校变成"让学生学习他们最想知道的事情的地方，而不是我们认为应该知道的事情的地方"（约翰·霍特 John Holt）。①

英国学者大卫·帕金翰（David Buckingham）认为，成人剥夺了儿童的话语权力。他在《童年之死——在电子媒体时代成长的儿童》一书中写道："成年人一直垄断了定义童年的权力，他们制定了用来比较和判断儿童好坏的评判标准，他们规定了各种对于他们合适的或妥当的行为。""社会拒绝给予儿童自我决定的权利：他们必须依赖成人替他们表述权益，并且为了他们的利益进行争论。"他相信儿童拥有自主发声的能力，只是由于表达的机会被剥夺或被成人严密监视，儿童的意见得不到有效的表达和传播："儿童能够、也确实会'代表他们自己发言'，不过他们很少获得在公共领域中这样表现的机会，即使是直接关系到他们自己的一些事。他们能够发言的情境，以及他们所能引发的反应，在绝大部分情况下仍然受到成人的控制。即使是主张'儿童权利'的论述，也主要由成人提出，并且依据的是成人的观点。"②

与现实中极少的表达机会形成鲜明对比的是，儿童具有强烈的表达愿望：他们渴望能自由说出自己的看法，对不懂的、不满的现象发出疑问和诘问；他们希望成人能倾听他们的声音，并作出改变。其中的理由不难理解，自由表达自己的想法和看法，是人的内在需要，也是人的"天赋"权利，对儿童来说也是如此。儿童常常对世界抱有强烈的好奇心，一些成人司空见惯的事物在儿童看来却那么新奇、有趣，因此儿童通常迫不及待地想要和父母、教师及其他成人分享他的"发现"，甚至提出一些"稀奇古怪"的问题。特别地，当涉及到和儿童相关的事物时，儿童表达的愿望就更加强烈。一些大规模调研显示，中小学生具有较强的参与意识。例如，2005年全国少工委办公室、中国青少年研究中心"当代中国少年儿童发展状况"调研发现，79.3%的中小学生认

① 参见张盈堃、郭瑞坤等：《谁害怕教育改革？——结构、行动和批判教育学》，台湾洪叶文化，2005年版。
② 参见大卫·帕金翰著、张建中译：《童年之死——在电子媒体时代成长的儿童》，华夏出版社，2005年版。

为身为"少先队组织的一员，有义务对少先队的发展积极表达自己的意见"。2006 年，中国青少年研究中心"中国青少年思想道德状况"调研设计了"为了评比文明校园，学校要在学生中广泛征求意见，对此你的看法是什么"一题，86.5% 的中小学生认为"应该积极表达意见"。① 2007 年"未成年人权益状况调查"显示，93.1% 的未成年人赞同"在决定与我有关的事情时，父母应当征求我的意见"，85.5% 的未成年人赞同"参与社会事务是我的责任"，74% 的未成年人赞同"我的参与有可能改变一些社会现象"，84.2% 的未成年人不赞同"社会事务非常复杂，我没有能力参与"，71.7% 的未成年人不赞同"我没有能力影响政府的决定"，88% 的未成年人对"自己参与家庭生活的程度"表示满意，65.2% 的未成年人对"自己参与社会生活的程度"表示满意。② 可见，近年来，儿童的参与意识显著增强。

儿童的声音不应被淹没，特别是不能用成人的标准来评价儿童的话语。儿童有不同于成人的生活世界，有自己思考问题的方法和认识世界的方式，也有不同于成人的生活和表达方式。正如卢梭所说："儿童是有他特有的看法、想法和感情的，如果想用我们的看法、想法和感情去代替他们的看法、想法和感情，那简直是最愚蠢的事情。"③ 一些在成人看来是"无稽之谈"的想法，对儿童来说却是理所当然、完全正确的。成人若粗暴地干涉、无端地制止儿童的说话，容易使他们对自己的想法和看法产生怀疑，久而久之，会使儿童丧失乐于表达的天性。届时，即使还儿童以话语权，儿童也会自动放弃这种权利，保持沉默。因此，为儿童提供充分的表达机会，满足儿童自由言说的需要，不仅是对儿童表达权利的保障，也是了解儿童心灵的重要途径。

三、关于儿童视角的教育研究的方法论思考

方法论是对人们认识、改造世界的方式、方法的"前思考"，是确定具体方法的指导和原则。儿童视角的教育研究主要借鉴了质的研究，特别是现象学教育学的方法，在研究设计、研究伦理④方面有以下考虑。

---

① 中国青少年研究中心：《中国未成年人数据手册》，科学出版社，2008 年，第 55～56 页。
② 中国青少年研究中心课题组：《中国未成年人权益状况报告》，《中国青年研究》2008 年第 11 期。
③ 转引自刘晓东：《儿童文化与儿童教育》，教育科学出版社，2006 年版。
④ 本节未对研究伦理作过多讨论，结合具体研究对研究伦理的思考请见"结语"部分。

1. 教育研究的范式转换为儿童视角的教育研究奠定了方法论基础

20 世纪 70 年代以来，西方教育研究领域发生了重要的"范式转换"：由探究普适性的教育规律转向寻求情境化的教育意义。① 此种"范式转换"引发了研究重点和研究方式的转变，教育学的研究方法也随之发生很大改变。具体说来，"走入日常生活"、"走入学校日常情境"逐渐成为鲜明的研究主题，研究者进入教育活动发生的现场，审视习以为常的教育场景，质疑曾被视做理所当然的东西，从而建构（Make）研究的问题。在研究方法上，多遵循质的研究与解释主义的传统，亦引入了符号互动理论（Symbolic Interactionism）、现象学（Phenomenology）及民俗学（Ethnomethodology）等方法。

另一方面，80 年代后期，在"有性的（女性主义者、同性恋）"和"有色的（少数民族、第三世界）"研究者的推动下，追问"研究者是谁"的立场理论（Standpoint Theories）开始活跃，研究者的立场问题凸显。立场理论对教育研究的影响可以从三个方面来看。第一，批判话语从宏大概念——如经济、阶级这类"大词（Big Words）"，转换成包含了研究者的身份、立场等极富微观政治学色彩的"小概念"。第二，立场理论使得原先被压迫、被歧视的对象（如有色人种、女人、同性恋、残障者）开始尝试用自己喜欢的方式自由表达，发出在以往的主流教育研究中被消匿的声音。第三，立场理论挑战了西方本质主义的认识论传统，提出了"谁的科学？谁的知识？"（哈丁 Harding）的问题，质疑了很多学科（如文学、法律、大众文化、自然和社会科学）的"科学集体无意识"，并对研究者和被研究者的关系进行了反思②。

这一研究范式的转变为儿童视角的教育研究奠定了方法论基础。首先，儿童作为教育的直接对象，其在学校的生活和体验本身就是非常值得关注的内容。现象学教育学的创始人之一兰格威尔德说过："首要的教育问题应该是：对儿童来说，在这样的环境中他们的经历和体验是什么样子的？"③ 对这一问题的解答不仅对提高教育质量、促进儿童发展有重要意义，更直接左右了儿童

① 威廉·F. 派纳等著、张华等译：《理解课程》，教育科学出版社，2003 年版，第 1 页。

② 参见刘云杉：《国外教育社会学的新发展》，《比较教育研究》2002 年第 12 期。

③ 转引自马克斯·范梅南著、宋广文等译：《生活体验研究——人文科学视野中的教育学》，教育科学出版社，2003 年版。

对教育的理解与认识，甚至可以说儿童对教育的看法是"情境性"的①。其次，儿童视角的教育研究也是一个关于立场的话题：不仅是让长期被忽视、被噤声的儿童——作为教育研究主体——说出他们的想法，也是对研究者立场的拷问——研究者只有站在儿童一边，从儿童的角度理解儿童的观点，才能真正了解儿童。最后，质的研究关注具体、典型的经验，在挖掘意义、价值等方面具有一定的优势，也是弱势群体最常采用的研究方法，因而也构成了本研究的主要方法。

2. 范梅南的生活体验研究对儿童视角的教育研究的启示②

"现象学教育学"的开创者之一马克斯·范梅南倡导把儿童的生活世界和体验作为探寻的起点和基础，关照儿童的精神世界，从关注儿童敏感、脆弱、独特的心灵感受来激发教育的智慧和机智，其思维和方法堪称是"儿童视角"的。

在讨论范梅南的研究方法之前，有必要对他的儿童观进行梳理。这是因为，研究方法的选择总是和研究对象的特征相关联的。在教育与儿童的关系上，范梅南批评说，许多教育者认为自己的教育观是完美的，所以总想向儿童施予一套想当然的信念和价值观。有这样"完美"教育观的教育者们往往把儿童看成是不完美的，因此也没有必要倾听儿童，更不可能向儿童学习。这样的"教育"必然会变成压制和控制——一种成人对儿童的权威统治形式。而事实上，父母和教师应认识到孩子就是孩子，他们在成长过程中时刻体验着生活的可能性，且这种成长永不会结束。所以，必须允许孩子们自由行动、体验和创造，并对各种体验保持开放的态度（这也意味着我们要尽力理解儿童的具体处境，从而反思他是如何在多种体验中生活的）。

因此，范梅南提倡对儿童的生活体验进行研究，这种体验是原初的、现场的、未经定义、分类和反思的体验。从基本的组织结构来看，现象学教育学研究可视为六种研究活动的动态结合：（1）转向对一个深深地吸引我们并使我们与世界相连的现象的关注；（2）调查我们真实经历过的经验而不是我们所

---

① 有研究表明，儿童对伦理知识的接受具有很强的"情境性"特点。因此，理解情境是儿童伦理观发展的重要环节。参见古秀蓉、武建芬：《默会认识论：理解儿童的新视角》，《山东教育学院学报》2006 年第 2 期。

② 本部分内容参见马克思·范梅南著、宋广文等译：《生活体验研究——人文科学视野中的教育学》，教育科学出版社，2003 年版。

抽象的经验；（3）反思揭示现象特点的根本主题；（4）通过写作和改写的艺术方式来描述这一现象；（5）保持与这一现象的强烈而有目的的教育学关系；（6）通过考虑部分与整体的关系来协调整个研究。通过上述过程，并不断追问"这种或那种体验是什么样子的？""是什么赋予了这种或那种经验教育学的意义？"现象学教育学发现了一个意义世界。

范梅南的生活体验研究也是一种质的研究，它不仅可以被看做是一种"儿童视角的教育研究"，还对儿童视角的教育研究如何进行有一定的借鉴作用。现象学教育学强调对生活体验进行研究。儿童生活，正是儿童理解世界、理解教育的出发点，也是养成儿童视角的土壤。现象学教育学最重要的启示是让我们学会"看"，尤其是从儿童的角度"看"。这种"看"以儿童经验为基础，通过对儿童生活的全面而细致的研究，使得从儿童的角度感受世界变成可能，从而体验到教育的意义。

还有一点值得关注。"写作"在现象学教育学中有重要意义，现象学教育学研究的起点往往就是对个人生活体验的描述，范梅南更是花费了大量笔墨来阐述"现象学教育学的写作"规范。但不容忽视的是，写作与人的语言能力相关。因此，范梅南专门对"语言和经验的关系"作了说明。他在《生活体验研究——人文科学视野中的教育学》再版前言中写道："语言与经验是什么关系呢？我们似乎在用词汇创造着虚无（生活经验）中的什么（概念、理论、情感），然而，这些词汇却永远实现不了我们的目的。这或许因为语言总是使我们的意识理智化——语言是一种认知工具。在现象学研究中，我们试图通过语言并以好奇的形式唤起对经验的理解，而这种理解似乎是非认知的。这一点非常重要，因为许多领域（如教育学、护理学、康复学、咨询学）似乎不仅需要一些技能和专门的知识体系，而且需要一些辨别力、直觉和机智地处理问题的能力。"

儿童在读写能力上无疑是处于弱势的，甚至有学者把读写能力作为区分"儿童"与"成人"的重要标志。范梅南提醒我们，"语言只是一种认知工具"，其功用在于"以好奇的形式唤起对经验的理解"。所以，在进行儿童视角的教育研究时，特别是在面对儿童的文字时，不应拘泥于这些文字本身的意思，而应探寻这些文字所描述的生活经验。因此，若想获得对儿童生活体验的全面认识，了解儿童的生活情境和生活经历是非常必要的。范梅南关于"语言与经验"的论述的另一启示在于，他提出了"直觉"等非认知因素在教育研究中的重要性。在儿童视角的教育研究中，经常会碰到儿童各种"荒唐"、

"异想天开"的想法，如果试图从理性的角度、以逻辑原则对这些想法进行整理、分析，也许会遗漏一些信息，更抹杀了儿童视角在表达上所独有的鲜活特征。所以，如何应对这些想法，不仅是对研究者专业知识的考验，也是对研究者的悟性、灵性和个性的挑战。

四、本研究的设计

本研究拟使用丰富的儿童作品展现儿童眼中的学校及其对学校的看法，从而了解儿童对学校教育的看法，并据此反思现有的教育理论和实践。本研究以儿童作品为主要分析材料，从中提炼研究主题，并结合儿童的学校生活环境和经历进行分析，是一项具体的"儿童视角"的教育研究。因此，通过对该研究的具体介绍，也有助于读者获得对儿童视角的教育研究在内容、方法、甚至行文体例上的感性认识，加深对儿童视角的教育研究的理解与认识。

1. 研究方法

（1）文本分析

本研究的主要方法是文本分析。本研究以"我心目中的学校"（或"我喜欢的学校"）为题，进行了一次征文征画活动，收集到大量儿童作品，并以此作为主要的分析材料，从中提炼研究主题，形成了研究的基本观点。

征文征画活动的具体说明见附件。本活动的主要要求如下：（1）请学生用文字或绘画的形式记录下他们对学校整体或建筑、教师、课程、考试、作业、校服、分班、作息时间等的看法，可针对所在学校存在的具体问题提供改革建议，也可发挥创造力，想象心中的理想学校。（2）形式不限，文章、绘画、诗歌、歌曲、照片、手工作品均可。（3）字数不限，可以是一篇完整的文章，也可以是一段话。（4）建议老师（班主任或科任老师）以作业形式布置给学生，并留给学生一个周末的时间来完成。

为尽量保证儿童作品的真实性，本活动特别强调学生的自由发挥，建议老师在布置作业的时候尽量少提要求，亦不对主题作具体阐释（避免给学生框框）。同时，出于资料比较和分析的考虑，要求每幅作品均注明作者的姓名、性别、年龄、年级等基本信息。

（2）田野调查

为更好地理解儿童作品，本研究还在参与征文征画活动的四所学校进行了田野调查。由于研究时间和条件的限制，重点对北京市怀柔镇的 Z 中学进行了田野调查。在近一个月的住校时间里，研究者与参与征文征画活动的学生共同生活与学习，建立了比较融洽和亲密的关系，对大部分学生的个性特点都有所了解，这是对他们的作品进行分析的有利条件。对恩施市的三所学校各进行了为期一天的实地考察①，主要采取了随班听课、观察和闲聊的方式，以期能尽快获得对该校及其学生的整体认识。在田野调查中，研究者还特别注重与相关教师的交流、互动，以增进对学生的了解。

2. 研究对象

本研究的抽样主要依照典型抽样的原则，有意识地在北京市和我的家乡——湖北省恩施市选取研究对象，涵盖了地域和城乡两个研究维度②。在学校的选取上，依照方便原则，通过亲朋介绍，在北京市怀柔区选取了一所农村中学，在湖北省恩施市选取了一所城市初中、两所农村小学，基本情况如下。

恩施市地处湖北省西南，全市国土面积 3967 平方公里，总人口 78 万，其中土家族、苗族、侗族等少数民族占 38%，是湖北省九大历史文化名城之一、恩施土家族苗族自治州首府所在地，基本达到中等城市水平。Q 小学和 G 小学位于恩施市芭蕉侗族乡。该乡地处恩施市西南，距市区 10 公里，为湖北省十个少数民族乡镇之一，也是恩施市唯一的少数民族乡。总人口 6.4 万，其中侗族人口 2.2 万，占人口总数的 34%。目前，该乡正致力于打造"侗族风情园"人文旅游景区，以促进当地经济发展。

恩施市 Q 小学现有学生 40 人（不含学前班），共六个年级（从学前班到五年级），六年级学生到 G 小学学习。一、二年级合用一间教室，学前班、三、四、五年级各一间教室。学校共 3 名教师，学前班至三年级为复式教学，全校音乐、体育、英语均由一人教授。该校全体学生参与了本次征文征画

---

① 一天时间对于了解一所学校是完全不够的。但由于我均有亲属在这三所学校任教，多年来对三所学校的情况已有所耳闻，故而在研究前即对三所学校有不同程度的了解，这些也是选择这三所学校作为研究对象的部分原因。

② 考虑到这两个维度主要不是为了进行差异分析或比较研究，而是希望扩大研究对象的异质性，尽可能涵盖多种类型的学校及学生。

活动。

恩施市 G 小学为民族小学，侗族等少数民族学生占学生总数的 95%。学生总数 378 人（不含学前班）。学前班、一、二、三、五年级各 1 个班，四、六年级各 2 个班。教师共 16 人，其中有 3 人为城区支教教师（1 名体育教师、2 名美术教师）。该校全体学生参与了本次征文征画活动。

恩施市 W 中学始建于 1976 年，现有 32 个教学班（平行班），在校学生 2294 人，是恩施自治州规模最大的单设初中学校。现有在岗专任教师 142 人，其中 98% 以上具备大学学历，31 人拥有中学高级教师职称。1999 年以来，学校每年中考上线率均居恩施市榜首。[1] 2003 年 12 月，该校被评为"湖北省中小学综合实力 50 强学校"，排名第 23 位，是恩施州初中唯一上榜学校。经推荐，该校初一（七年级）、初二（八年级）各两个班级的学生参与了本次征文征画活动。

桥梓镇位于北京市怀柔城区西部，距怀柔城区 10 华里。全镇面积 112.62 平方公里，辖 24 个行政村，共 2.3 万人。近年来，该镇大力发展产园区，建起了观光农业园、民俗旅游村、大型饲养场等产业园区。怀柔区 Z 中学始建于 1958 年 9 月，现有初、高中共 18 个教学班，全职教师 91 人。该校初中毕业学生的主要走向是职业中学或中等技校，只有四成左右的学生升入普通高中。[2] 经校长推荐，该校初一、高一各一个班级的学生参与了本次征文征画活动。

各校的基本情况和参与本次征文征画活动的情况见表 1。可以看出，儿童作品的形式非常丰富，有文字、图画和手工作品。文字材料中，除了记叙文，还有诗歌、歌词、信件、合同等体裁。

---

[1] W 中学的中考上线率一直是该校师生津津乐道的成果，也是当地对该校的普遍认识，由此导致的直接后果就是家长都千方百计地把孩子送入该校念书。由于恩施市为州府所在地，中考上线的重要性主要体现在能否升入全州唯一的省重点中学——恩施高中，以及恩施市重点中学——恩施市一中（这两所学校均有较高的高考录取率）。

[2] Z 中学的基本情况主要由该校校长介绍。该校校长在接受访谈时，一直强调该校是农村学校，和城市学校有很大差别。这种差别不是在校园硬件建设上，而主要体现在学生素质方面。校长特别谈到，该校学生的文明素质、文明习惯较差。究其原因，该校校长认为，主要是家长（主要为传统农民）素质低下、不重视教育。有趣的是，我们在刚接触 Z 中学参与本次征文征画活动的初中的班主任高老师时，她也谈到了学生家长的教育期望不高、认为教育只是"学校和老师的事"。关于学生，高老师提前给我打了很久的"预防针"，她对学生的评价是"基础太差，上课能听懂 20% 就不赖了"。

表1　调研对象一览表

学校名称	学校类型	所处地区	学生总数	教师总数	调研时间	儿童作品数量			
						文字	图画①	手工	合计
Q小学	教学点	恩施市芭蕉乡	40，5个班 留守儿童：8	3	2009年6月上旬	2	38	0	40
G小学	中心校	恩施市芭蕉乡	378，9个班 留守儿童：约250	16	2009年6月上旬	37	278	0	315
W中学	重点初中	恩施市城区	2294，32个班 留守儿童：52 流动儿童：200多	142	2009年5月上、中旬	184	14	1	199
Z中学	普通完中	怀柔区桥梓镇	18个班 几乎全为本区生源	91	2009年5月	37	0	0	37
合计						260	330	1	591

五、研究资料的分析

1. 资料分析流程

（1）资料录入

本次征文征画活动收到了作文、绘画、手工三种形式的儿童作品。文字作品由我们自行录入电脑。由于本研究不拟对儿童的语言能力进行分析，故在录入过程中已将作品中的错别字改了过来，并标注了作者的姓名、性别、年龄和年级，以便读者参考②。绘画、手工作品则通过拍照的方式录入，除了必需的增强照片清晰度的处理之外，未对照片内容进行任何处理。

---

① 图文并茂的作品归入图画一类。

② 说明：学生作文中注明标题的（用书名号括起）表示是全文引用，否则只是摘取作文中的某一部分。有的作者信息不全（如只署名，未注明性别、年龄）是因为原作品上没有写全，非我们有意省略相关信息。

（2）资料编码

本研究的资料代码为五位数，由"地区代码"、"学校代码"、"作品编号"三部分组成。各部分代码见表2。例如，"11001"号作品即为恩施市 Q 小学的第一号作品。要说明的是，资料代码的主要作用在于统计总数，其赋值不带任何价值判断。

表2　代码一览表

地区代码		学校代码				作品编号		
恩施	北京	Q 小学	G 小学	W 中学	Z 中学	百位数	十位数	个位数
1	2	1	2	3	4	0～9	0～9	0～9

（3）资料分析

资料分析借鉴了扎根理论的基本思路，即通过对资料的深入分析，逐步形成理论框架，进而从中提升理论。这是一个不断归纳、提炼的过程，也是一个从下到上的过程。具体说来，本研究不是以一个既有的研究框架对儿童作品进行整理、分析，而是根据儿童作品中讨论相对集中的内容确定分析的主题，并通过不断对作品进行比较，衍生出各个主题的二级内容，以便尽可能地呈现儿童作品的"原始状态"。

在资料分析的过程中，儿童普遍关心的内容固然是分析的重点，但并不是说只有个别儿童反映的问题就丢掉不要了。本研究遵循的儿童观就是重视儿童的差异性和多样性，然而由于研究时间的限制，不可能深入分析每一件作品。因此，在资料分析的过程中，我们依照典型抽样的原则，对最具典型意义的儿童作品进行分析——这种典型意义在于（与从作品中提炼的四个主题相比）是否描述了一种"独特"现象、提出了一个"另类"观点、表达了一种"不同"心愿，而不是以该作品是否具有代表性为选择的标准。同样，在这一思路指导下，本研究也不拟对儿童作品中出现的事物进行分类统计，即不去计算有多少个学生提到了某一内容（如"学校应有一个大操场"，"学校要改善食堂"等等），而只是采取一种比较模糊的说法（如"很多"、"个别"）。因为，在我们看来，这类统计分析实际上是在用"量化研究的思路处理质性研究的资料"。不作统计分析不是说代表性不重要，而是想表明"一个孩子的观点和一群孩子的观点在价值上是没有差别的，每个孩子的意见都很重要"这一观点。

（4）研究论文写作

为体现"儿童视角"的特点，本研究在论文中呈现了大量儿童作品，涵盖了儿童作品的三种形式。其中，图画形式的加入可以说是本论文在表现方式上的最大特点，对儿童绘画的研究也是儿童视角的教育研究的一种尝试和努力。

2. 资料分析方法

鉴于本研究收集到的资料种类较多，对各类资料的分析方法分别阐述如下。

（1）对儿童作文的分析

被公认为"批评家中的批评家"的美国文论家韦勒克在《文学理论》一书中提出了"四层面文本分析法"。他认为，文本是由多个层面构成的符号和意义体系，而每个层面都有不同的组合和变化。归纳起来，可从声画、意义、隐喻、象征四个层面对文本的性质、特点和意义进行研究。[①] 韦勒克的"四层面文本分析法"可以帮助我们领会儿童作文的意义，从表层到内核逐层发掘儿童眼中的教育世界的价值指向与象征意蕴。

在对收集到的儿童作文进行整理的时候，我们发现，有部分学生采用诗歌的形式描述他们心目中的学校。例如，W中学七年级的杨晨宇同学就作了这样一首小诗[②]：

《我心目中的校园》

清晨，/走进校园。/鸟语花香。

中午，/漫步校园。/人声鼎沸。

黄昏，/走出校园。/心情舒畅。

这首诗对仗工整、韵律和谐，用简短的语言表达了作者一天中在学校的所见、所闻、所感。和诗歌类似的还有歌曲，W中学七年级的袁晓曼同学创作了这样一首歌词：

---

① 韦勒克著、刘象愚译：《文学理论（修订版）》，江苏教育出版社，2005年版。
② 这里并没有使用严格的文学意义上的"诗歌"概念，而只是以有对仗、有韵律作为诗歌的主要标志，甚至把以几个字一行的方式排列的作品也看做诗歌。

《我心目中的学校》

晨曦柔媚的阳光照着我们的面庞，/晌午轻悄的微风，拂着我们的心房。

哦，我们在这儿畅想，我们在这儿歌唱。/歌唱心目中的学校，心目中的课堂。

请看那宽广的操场，干净的课堂，/无尽的微笑显在脸上，

再看那美丽的花园，高大的楼房，/花朵尽露出芬芳。

让我们展开想象的翅膀，尽情向往。

这首歌词同样具有朗朗上口的特点。儿童作品中反复出现的诗歌形式让我们对"儿童与诗歌"这一话题产生了兴趣：诗歌究竟对儿童意味着什么？和记叙文相比，儿童为什么会选择以诗歌为创作方式？同样，作品中还有部分其他体裁，如信件（如"写给校长的一封信"）和合同（如"假拟合同"）。这些不同体裁的作品展现了儿童视角在表达方式上的多样性。[①]

（2）对儿童绘画的分析

绘画在我们收集到的儿童作品中占了相当大的比重，在小学阶段，更是主要的作品形式。对儿童绘画的研究一直是美学和心理学的重要内容。美学界对儿童绘画的评判更多在于主题的表达和绘画技法，关注的是作品本身。而心理学界的研究则是把绘画作为智力测试、作为沟通手段、作为研究儿童情感的手段、作为了解儿童智力发展和情绪状态的渠道，其关注点在于创作作品的儿童。

本研究试图对儿童绘画进行教育学意义上的分析，其方法与美学和心理学均有所区别：本研究不以绘画技法的高低作为评判儿童画的标准，不以成人的眼光评价儿童画像不像、行不行、美不美；本研究也不拟对儿童的绘画表现及其心理发展状况进行专门讨论。心理学有关儿童绘画的研究固然可以为本研究提供参考，但本研究并不打算如"儿童绘画心理学"研究一样对儿童画的形状、构图、色彩及其反映的某种心理特征进行逐一分析。本研究要做的是"对儿童绘画的意义考察"，即根据儿童画反映的人、事、物（在可辨识的基

---

① 受研究时间和本人能力的限制，本研究主要对儿童作品进行内容和意义分析，对儿童选择各种体裁，以及后面提到的绘画、手工等不同表达方式的原因未作深入研究。但我们认为，各种表达方式对儿童表达的意义，及其与儿童成长的关系是非常值得研究的问题。

础上），反思儿童的生活体验。可以说，本研究关注的是透过儿童绘画反映出的儿童生活体验①。

需要说明的是，由于本研究对唯一一件手工作品的处理方式是把它拍照后录入电脑，所以对该手工作品的分析是以照片为准，其分析方法与对儿童绘画的分析是一致的。

（3）田野资料的处理

了解儿童生活的情境有助于对儿童作品的理解。因此，本研究在对儿童作品进行分析、解释时注重结合田野调查的资料，多角度、多侧面地探索儿童的想法，以期能构建一幅关于儿童内心世界的完整图景。事实证明，田野调查的资料对于正确理解儿童作品非常关键。例如，Z 中学的两位学生在被要求描述他们心目中的学校时写下了这样的话：

我认为我所在的学校非常不错，有鸟语花香之神韵，其"空气清新"、"大地平坦"是校园之极品也！很适于学生学习、生活、游戏。其中环境优美、洁净，学生老师团结共处，是和谐的代表作之一。总之，校园很好很好。

刚到这所学校，就被这里美丽的景色所着迷，从那一刻我便喜欢上了这个学校。可是刚到几天就被那令人振奋的气息所熏陶，但仍没有打消我喜欢这里的一丝念头，我喜欢这里，更喜欢在这里生活的每一个生物。

这两段话表面上是在赞扬学校是如何美丽、怡人，但字里行间似乎可以嗅到一丝"调侃"、"揶揄"的味道。我们在 Z 中学的实地调查发现，紧邻该校的就是一个养狗场和一个养鸡场，上述作品的两位作者的同班同学亦直接表达了"希望学校不要有那么多臭味"、"让那些不好的鸡场、狗场转地儿"的愿望。所以，我们认为，上述两段文字实际上是用一种"反讽"的方式反映了"学校有臭味"这一事实。而这一点，单从儿童作品中是无法解读出来的②。

---

① 当然，儿童画中还有很多幻想的成分。本研究认为，这些幻想的内容是儿童需要和儿童期望的表达，实际上也是儿童生活体验的一种反映。对该观点的具体说明可见第三至六章相应部分。

② 即便有所察觉，但缺少实际材料的佐证，也不敢妄下结论。

第三章

背起书包上学去

生命是否被分割成了几个部分？答案是，没有。

——布里逊（Blishen）[1]

在整理儿童作品时，有两幅画引起了我们的注意。当被要求描述心目中的学校时，一位小学生却用细致的画笔描绘了三名小学生背着书包上学的情景（图1）。在另一幅画中（图2），一位高年级学生站在校门左侧，手指着校门向人介绍说："这是我的学校"。校门右侧，一位低年级学生正背着书包朝着校内走去，他的话点明了这幅画的主题——"上学去了"。这幅画之所以引起

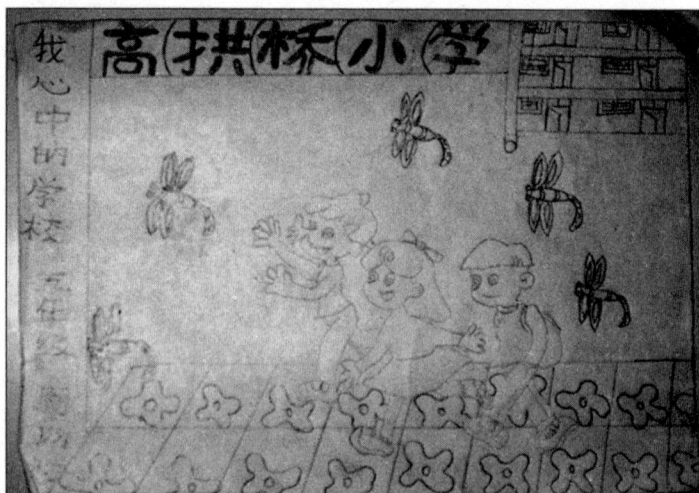

图1　我心中的学校，周均（G小学，五）

---

① 转引自凯瑟琳·波克等著、祝莉丽等译：《我喜欢的学校——通过孩子们的心声反思当今教育》，中国轻工业出版社，2006年版，第59页。

我们的关注，是因为如果从语言学的角度对"我心目中的学校"这个命题进行分析，其重点在"学校"这个名词，所以我们无意间期待①的就是对学校这一事物的静态描写。而这两幅作品则在"我心目中的学校"这一主题下进行了自由联想，把重点放在了"上学"这一动词上，描述了上学这样一个事件。在孩子们看来，上学究竟意味着什么？从学校到上学，从事物到事件，这中间蕴含了怎样的深义？对这些问题的思考构成了本章的主要内容。

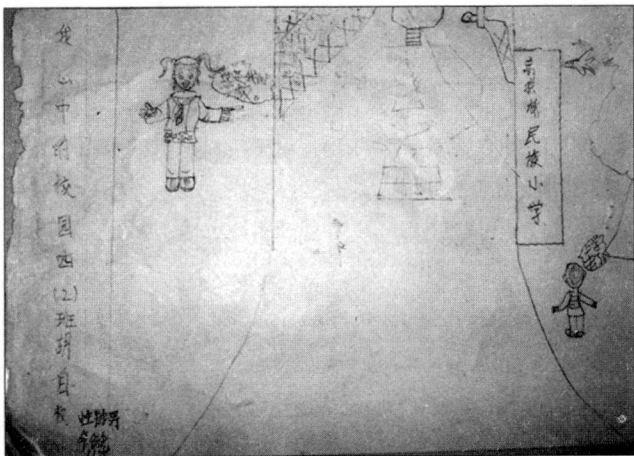

图2　我心中的校园，胡自权（男，11 岁，G 小学，四）

图3　心中的学校，柳朝月（W 中学，五）

---

　　① 尽管我们在研究中一直提醒自己不要带任何先验框架，但潜意识里还是存在一些既有假设，只是自己没发觉而已。这一点也是我们在研究过程中不断被儿童作品"惊喜"之后才意识到的。

【图3 文字说明】：这就是我"心中"的学校，它就像我们的家，很美丽，很美丽！我爱我的校园！

一、"学校意象"的涵义

从对上述作品的初步分析来看，儿童对"学校"的看法不同于有着严密逻辑结构的教育学说，也不是经过缜密推理得出的理性认识，而是以使用直观形象为典型特征、运用比喻等修辞手法表达的关于学校教育的功能和目的的看法。我将这种看法称为"学校意象"。

"意象"本是中国古代的一个美学范畴，指对象的感性形象和自己的心意状态融合而成的蕴于胸中的具体形象。近年来，有关教师的实践性知识的研究把知识划分成三个层面，即实践的"规则"（Rule，具体的指示）、实践的"原则"（Principle，概括度居中）、"意象"（Image，宽泛的、隐喻式的陈述）。其中，意象是最不明晰、也最具包容性的，通常渗透着价值的判断。并且，意象多是隐喻性质的，在一个意象中，我们看见的是"象"，而品出的是"意"。

那么，意象对于个体有什么作用呢？意象是个体对某一事物类似直觉般的第一反应，是最自然的观念，往往包含了个体对此物最本质的理解与认识。最原始最简单的观念往往是真我思想的体现。因此，意象是个人知识体系中最上位、最具支配性和包容性的认识，它或许已被个体察觉，但更多的时候是潜藏在个体头脑中，只在言说时才被个体意识到的。由于意象是个体"所信"之物（而非"所知"之物），所以不管个体是否已经意识到意象的存在，他都是按照这种意象的指示来行动的。在这个意义上来说，对意象进行讨论不仅对厘清认识有所裨益，还可以帮助我们预测持有这种意象的个体的行为和实践。

意象并不是凭空产生的。对儿童而言，这些"学校意象"和他们的实际生活体验息息相关，也受到其同伴、教师、家长、大众媒体和更广泛的社会公众等诸多因素的影响。因此，对儿童的"学校意象"的分析，不应脱离其产生的情境脉络，而应带着一种类似人类学的关注，综合考虑各相关因素的影响，进行整体的、历史的、文化的研究。探讨儿童的"学校意象"可以帮助我们通过分析儿童对学校的直观、感性的表达，了解儿童对学校及教育的基本看法。

要注意的是，在研究儿童的"学校意象"的过程中，要特别注意区别

"意"、"象"的特殊含义。作为相对独立的"意"和"象"，可以有多种组合方式。现实中，我们可能发现相同的"象"表达不同的"意"，或者不同的"象"表达相同的"意"。例如，有两个学生将"霍格沃兹"——即哈利波特的魔法学校作为他们心目中的学校。他们这样写道：

《我心目中的学校——霍格沃兹》

没有歧视/没有忧伤/没有泪水/只因友情/让我们相伴永远

没有考试/没有名次/只因求知/将我们联系

古堡般的学校/幽深的森林

在这里/我们追求/追求属于自己的那一片天空

也许/我们永远不能拥有哈利·波特的魔法

也许/我们永远不能参加魁地奇比赛

但/我们向往/向往那超越尘俗的一方净土/像哈利·波特般飞翔

——13010（邓航，女，14岁，八）

心中的学校，环境优美，师资雄厚（最好有外教），食堂食物干净卫生。说白了，哈利波特的学校最好。

——13038（谢昀行，八）

细读上面两段文字会发现，尽管都使用了"霍格沃兹"这一"物象"，但其所指的"涵意"是不同的：第一个作品表达了对于友情、知识和自由的向往，要求的主要是精神层面的满足；而第二个作品则表达的是改善学校基本条件的愿望，是生理、心理层面的需求。这只是一个例子，在具体的研究中，我们会遇到更复杂的情况。"象"的涵意是发散的，一个"象"可以有多个"意"，一百个人对一种"象"有一百种"意"的理解。所以，在解读儿童的学校意象时，研究者应十分谨慎。

二、作为家的学校意象

本章开头引用的两幅画（图1、图2）只描绘了"上学"这一活动的终点——"学校","上学"的起点却未在图中出现。① 而这一起点众所周知，那就是——"家"。这两幅图提醒我们，在讨论儿童眼中的学校之前，有必要对"学校"与"家"这一更具前提性的关系进行讨论。以"学校和家"为主题对收集到的儿童作品进行检索，我们发现了大量内容，例如（含图3）：

我的校园是我的家，我的学校有五彩六色的花朵，花朵的颜色像五彩缤纷的彩虹。我希望我的校园像家，家里有什么校园就有什么。我上学去的时候我在公路就能听到同学的欢乐声、吵闹声和读书声。我和同学在校园是最快乐的。

——12243（金雪，女，11 岁）

校园就相当于我们的家园。我希望我的家园能够非常美丽。

——12282（谢倩，女，12 岁，六）

学校，是我们的另一个家，她代表着我们的未来。

——12289（宋佳，女，12 岁，六）

学校是我们每一个同学的另一个家园，他们心目中的学校是完美的，我心目中的学校也是完美的。　　　　　　——12292（舒晓丽，六）

在湖北省的恩施州有一个不起眼的学校——W 中学，因坐落在舞阳坝而得名，这里空气新鲜，气候宜人，是最适合人类居住的地方。每天，我们都要在这儿学习、生活，这就是我们的家，一个最温暖的家。

——13139（谭璇璇，女，八）

我们一起用爱来经营、用心去浇灌、用知识来充填、筑造了一个家，一个不平凡的家——学校。　　　　　——13144（闫庆、冉伊雯，女，14 岁）

我心目中的学校是和平、团结等，学校是我们每个同学组合起来的，是一

---

① 只有一幅图画特别标注了"家"的位置，如图5中的"小强家"。

个大家庭，没有仇恨，没有心机，我们应该团结、和睦相处。

——13169（辛银萍，八）

上述作品均直接将"学校"比作"家"，类似的作品还有：

我心目中的学校，是一个母亲，同时也是一位教师，它给了我慈母般的温暖，对我有深深的爱和关怀，教给了我们很多知识。

——11025（舒鑫，男，11 岁，五）

还有我们的和蔼可亲的老师，当我们有困难时给我们排忧解难，给予关怀，虽不是我们的父母，但胜似父母。我爱我的学校，也爱我的老师。

——13166（郭晓荣，男，14 岁）

这两个作品通过把教师比做父母，也传达了以校为家的意思。将学校比做家这一主题在儿童作品中反复出现，在小学生和中学生的作品中均有体现，表达了儿童对于学校的一种颇具普遍意义的看法，即"作为家的学校意象"。

家是儿童接触的第一个环境。近代以来，儿童地位不断提高，重视儿童成为被广泛接受的社会观念。中国人重视孩子的程度大概是世界罕见的，一旦有了儿女，父母就会处处先想到孩子，宁可自己吃苦，也要千方百计地让孩子过上好日子。在这样的家庭教养观念和家庭教育传统下，大部分儿童的早期家庭生活体验都是被关注、被宠爱的，十分快乐的。

随着年龄的增长，儿童开始了与家的分离过程，成长的每一步都好像是要把儿童从家庭环境中抽离出来，或让儿童为离开家作好准备。学校是儿童离开家之后的第二个环境。有关受教育权利的话语是如此深入人心，以至于人们把上学这回事当做理所当然、不容置疑的，认为上学是儿童的需要，并想当然地以为校园生活就是儿童向往的生活，认为"上学"对孩子而言就是成长、就是幸福。且不谈学校教育在人类历史的多晚时期才产生，也不提国外至今仍有的"在家接受教育（Home - schooling）"的传统，关于学校教育必要性的讨论中很少听到儿童的声音。关怀伦理学的代表人物内尔·诺丁斯认为，有必要对"明示的需要"和"推断的需要"进行区分。例如，"很少有儿童会表示上学的需要，但一旦被送进学校，儿童则可能明示出继续上学的需要"。她认为，儿童对上学的需要是作为关怀者的成人教给他们的，并非产生于儿童的内心，因而是一种"推断的需要"。① 这也说明，儿童并不是天生就对学校感兴趣，也不自然而然地把上学与自身的发展联系在一起。从儿童的角度来思考上学这件事所蕴含的意义，可能更多地伴有痛苦的意味：这一点只要看一看幼儿园小班上学时孩子们哭闹的场景就可以证明。还有很多儿童尽管表达了上学的愿望，但真正接触学校生活后，却表示一天都不想在学校待了。鉴于上述现象，借用现象学的发问方式，儿童视角的教育学要研究的重要问题就是："上学"这样一个事件带给儿童怎样的体验？对于儿童来说，上学的体验有什么意义？

从儿童作品来看，上学这回事对儿童来说，首先意味着必须离开熟识的家庭环境。这种离开不仅具有地理位置上的涵义，随着学校教育越来越体制化、专门化，这种离开也开始蕴含社会、心理的涵义。因此，可以看到，有的孩子会把离开家上学去这一举动作为学校的意象（图1）。图2中的"校门"更是具有了一种象征意义：门内是充满规范和限制的学校环境，门外则是充满情感和自由的家庭环境。整幅画以校门为联系图中其他元素的核心，可见其作者对于"进入学校"这一动作有多么深刻的感触！

其次，上学意味着身份和关系的转换。从儿子、女儿变成学生，从亲子关系变成师生关系。孩子们从前熟悉的血浓于水的亲情支配下的家庭人际关系模式，变成了由社会规范约束的学校人际关系模式，接受学校教育的过程其实就是不断社会化的过程。儿童对这种思想也有所察觉，如图2就呈现了一大一小两个人物形象，代表不同年级的学生。高年级的学生微笑着介绍她的学校，低年级的学生背着书包走在上学的路上。这两个人物动作的差别似乎暗示了不同年龄的孩子接受学校教育的不同结果，这正是学校教育目标的一种实现。

上述两幅画似乎只是强调了"学校"和"家"的区别。在讨论"学校"和"家"的意涵时，更多的儿童作品强调的是二者的一致性。但这种一致性并非二者相互接近的一致性，而是学校向家靠拢，变得像家一样的一致性。这一点可以从"我希望我的校园像家"、"我的校园是我的家"这样或明或暗的比喻，以及"校园就相当于我们的家园"的类比手法中看出来。

那么，学校究竟要在哪些方面努力才能变得和家一样呢？听听孩子们的话

---

① 内尔·诺丁斯著、侯晶晶译：《始于家庭：关怀与社会政策》，教育科学出版社，2006年版，第60页。

吧，他们想要的是美丽（"我希望我的家园能够非常美丽"）、方便（"家里有什么校园就有什么"）、完美（"我心目中的学校也是完美的"）、充满爱（"用爱来经营、用心去浇灌"）的学校，他们希望在学校里能感受到快乐（"我和同学在校园是最快乐的"）、希望（"她代表着我们的未来"）、温暖和爱。可见，儿童对学校的期待主要是提供一种情感的满足。这一点在让"教师"变成"父母"的作品中也得到了体现。这两个作品均强调了"关怀"和"爱"对孩子的重要性（如"慈母般的温暖，对我有深深的爱和关怀"、"给予关怀"），并主张教师要变成"父母"的角色。

值得讨论的是，在儿童作品中还出现了"第二个家"的说法。例如，

学校是学生的第二个家。在这里，我们不仅可以学到丰富的知识，还需遵守学校的各项规定。
——24025（孟雪，女，八）

学校是我们第二个家，是我们学习、生活的地方，所以要要求我们遵守纪律来维护这个家。
——24028（赵雯，女，八）

在把学校看做第二个家的"象"中，强调的是学习知识、遵守纪律的"意"。这一诉求与上述希望学校满足学生情感需求的要求似乎有所区别，事实果真如此吗？对此，我是这样理解的："第二个家"首先肯定了学校作为家的存在，既然学校是家，那么学校就应具备家中所有的关系和情感；家的修饰语——"第二个"强调了学校这个家和学生的原生家庭的区别，这种区别集中地表现在学校对知识学习和规范习得的强调上。因此，我认为，"学校是第二个家"的说法与儿童对学校的情感需求并不矛盾，它是在肯定了学校在满足情感需求方面的作用之后，进一步提出了学习的需求。特别是，学校作为"第二个家"的说法集中在中学生的作品中出现，似乎也表明，随着在学校受教育时间的增长，儿童更加明确学校与家的区别，以及学校作为专门的学习机构的基本特征。[①] 所以，总地说来，作为家的学校意象以"家"为"象"，表

---

① 这一点与诺丁斯的看法不同。诺丁斯强调关怀的教育意义，认为"我们大多数人在家中学会关怀。当这不可得时，学校就必须成为第二个家"（内尔·诺丁斯著、侯晶晶译：《始于家庭：关怀与社会政策》，教育科学出版社，2006年版，第170页）。儿童作品中关于"学校作为第二个家"的说法更多地受到了现有教育观念和实践的影响，其中主要是"学习为导向的学校文化"的影响。这一点在后文中亦多次涉及，在第七章将具体说明。

达了儿童在学校寻求情感满足的"意"。

三、实用主义的学校意象

儿童作品中还有实用主义的学校意象。例如，图4描绘了一所"多功能实用小学"，学校的功能、价值透过小作者给学校的命名表露无疑。这种实用主义的理念甚至融入到学校的校园建设中，由长方形、三角形、半圆形等几何图形构成的教学大楼，没有多余的装饰，蕴含了简洁、实用的设计理念。

类似的实用主义的学校意象还可于见下面的文字：

《我心中的学校》

优质的学校是人才的摇篮，劣质的学校是智能的坟墓。优质的学校是孩子的乐园，他们在这里常惊奇，主动地探索，健康地成长，这种优质的学校就是我心中的理想学校。

我心中的理想学校应该是一所有特色的学校。学校能在某一方面独树一帜，标新，形成自己的特色，一所学校如果没有特色，就没有强劲的生命力，没有优势。

我心中的理想学校应该是一所有品位的学校，一个学校的品位先是一个校园品位，包括每个细节，每处建筑，每一处绿化都应精雕细刻，细节有时更能反映品位，其次，一个学校的品位反映在学生的品格上，因为只有人格品格完善才会有品位。

我心中的理想学校应该有一个永远对学生开放的图书馆、计算机房，如果这样，学校管理起来难度会很大。但学生的学习已不可能只限于课堂，只限于学校，互联网上的各种信息已成为丰富的教学资源，面对学生的需求与学校临时过渡的困难。

我心中的理想学校应该拥有一批善于探索具有良好习惯的学生。

这就是我心目中的学校。

——13006（谭天宠民，男，14 岁，八）

这篇文章中对学校"优质"、"有特色"、"有品位"的讨论是非常理性的。每一条意见后面都附有提出的理由，以保证每条意见都是切实可行的。

这种实用主义的特点在关于图书馆的讨论中体现得更为明显（即强调了开设永远对学生开放的图书馆是为了满足学生学习需求，以及应对网络媒体时代的挑战）。

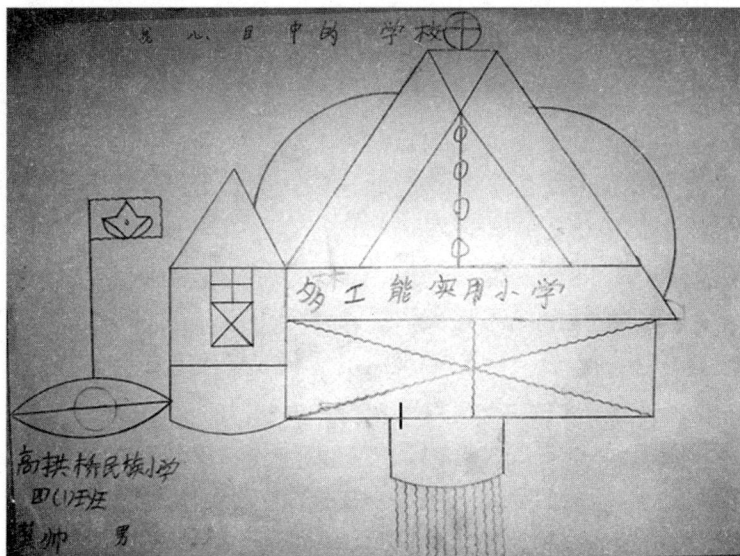

图4　多功能使用小学，龚帅（男，G小学，四）

现实生活中，实用主义的学校意象常常变成对升学目标的向往。如下面的两段文字：

《我心中的学校》

我心中的学校/并不因为/它是老师们口中的/"圣地"/更不因为/它是学生们向往的/"天堂"/只因为/那一片片嫩绿的草地/仿佛在向人展示/自己的活力和快乐/它没有宝石的璀璨/只有那拨动人心弦的绿/我心中的学校——州一中①

——13009（陈路，女，八）

我最喜爱的学校莫过于美国的哈佛大学。它是世界上公认的顶级名牌大

---

① 州一中即恩施高中，是恩施州唯一的省级重点高中，其高考录取率每年都在全州八大县市名列前茅。

学，它独一无二的教学方式让我向往。所谓的素质教育在那里得到真正的实现，不是一味地向学生灌输理论知识，而是让其在自身的动手或实验中发现并掌握知识。这样的一所学院是每个人奋斗的目标吧！

——13034（王童，女，八）

上述作品表达了强烈的对进入"州一中"和"哈佛大学"的向往。其中对两所学校的认识是否与现实相符并不是讨论的重点，这里关注的是把升学目标作为理想学校的观念。我认为，这一观念折射了学生所具有的升学压力。现实生活中，应试教育的影响仍然广泛存在，教师、家长和社会大众都在向学生施加升学的压力，他们不停地告诉孩子：考不上好初中就上不了好高中，考不上好高中就上不了好大学，考不上好大学就找不到好工作，找不到好工作就过不上好日子。因此，生活的压力由于学校教育的层层升级转移到了儿童身上，在每一个学段结束的时候都要考上下一个阶段的好学校的压力就形成了。这里我并不是要批判这种以升学为主要目的的学校意象所带有的功利色彩，站在儿童的角度，我更明白在大人们不厌其烦地"教育"下把应试、升学作为上学的主要目的的合理性。问题不在于这些孩子变世故了、变功利了，而在于围着他的大人们一直在对他灌输这种功利的想法，让孩子看不到问题的本质——上学不仅是为了升学，（升学本身也是）还是为了获得幸福和发展。

四、指向成长的学校意象

儿童的世界充满想象。最特别的一幅作品是 G 小学一位学生描绘的"秋天到了"的景象（图5）：画纸中央的楼房和旗杆代表了学校的形象，学校两边是结满硕果的苹果树和杏子树，一大一小两个人物（"小强"和"笑笑"）及一只猴子围绕在苹果树周围，学校前面是小河，后面是小强的家。以这样的情景作为对心目中学校的描绘十分值得玩味。起初，我并未意识到其中蕴含的深意，而在参考了其他类似的儿童作品后（如图6至图9展示的树、车、塔、星四种形象），我对这幅画的意涵有了更深的认识。秋天是收获的季节，这幅画的题目"秋天到了"即点明了"指向成长的学校意象"。

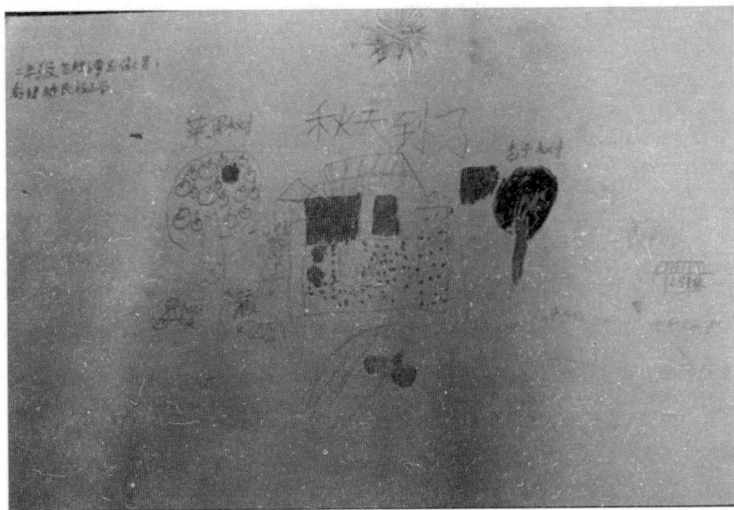

图 5　谭显强（男，G 小学，二）

图 6　我心目中的学校，无署名

图 7　我心中的学校，李春花
（女，10 岁，G 小学）

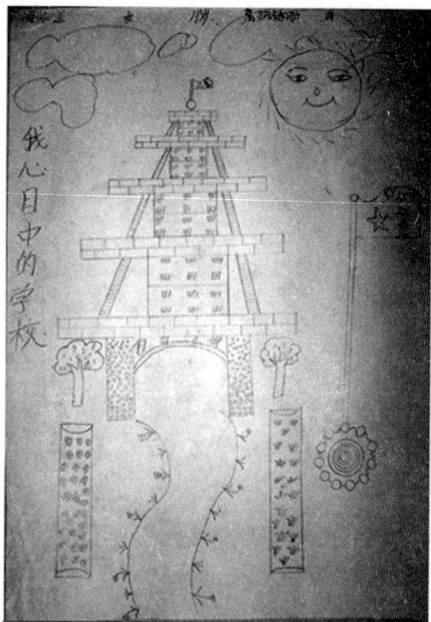

图8 我心目中的学校，冯小兰
（女，11 岁，G 小学）

图9 侗族小学，张恒
（女，10 岁，四，G 小学）

树（图6）充满生机，车（图7）可以把人们带到想去的地方，塔（图8）层层加高，星（图9）是引路的标志——这些形象均蕴含了不断发展（大树生长、楼层升高）和目的实现（指引方向、抵达目的地）的含义，因而被我称做"指向成长的学校意象"。在学生们的文字作品中，学校促进成长的意蕴表达得更加清晰：

在这充满爱的校园里，我们正在成长。　　　　——13190（田雪怡，七）

理想中的学校能使我们成长，使我们健康。

——13027（王裕才，男，15 岁，八）

我爱学校的一切，它是帮我走上辉煌人生的起点，将来会有那么一天，我们要走到很远很远，告别了我们亲爱的老师，告别了我们熟悉的校园，带着老师深切的希望，去把少年时代的理想实现。到那时候，学校以我为荣。

——13141（李巧，女，15 岁，八）

《母校》

母校是运动场，/我们是场上的健儿，/您无时无刻不在希望，/我们早日成才。

母校是春雨，/滋润着我们，/把您的一生贡献给我们。

母校是路标，/当我们迷失方向时，/指引着我们，/走上正确的道路。

六年的光阴，/转瞬即逝，/再见！/亲爱的母校。

——12290（冯祁，男，12岁，六）

《我心目中的学校》

在一个春天弥漫着花香的地方，在一个夏天充满激情的地方，在一个秋天结满硕果的地方，在一个冬天洒下希望的地方，一粒种子正在萌芽，生长……

在一个我和你建立友谊的地方，在一个我和你交流的平台，在一个我和你成长的摇篮，在一个我和你分别的港湾，我和你正在享受，领悟……

这里是，_____？

学校

这里是，_____？

人生的起跑线

在这里，我们能够增长才干，学习知识，涵养道德；在这里，我们能够建立世间最美的感情；在这里，我们能得到呵护，得到保护；在这里，我们快乐成长。

我心目中的学校，我喜欢的学校：

一个由和平、关爱以及世间所有美好事物筑成的殿堂！

——13176（聂欢欢，七）

在这些文字作品中出现的"人生的起点"、"人生的起跑线"、"春雨"、"路标"的说法就是指向成长的"象"。细细品味这些文字，在传达指向成长的"意"的同时，还对成长的各个方面进行了讨论。从以上作品可以看出，儿童渴望通过学校得到成长（"理想中的学校能使我们成长"）。这种成长包括身体的健康（"使我们健康"、"场上的健儿"）、知识的学习（"增长才干，学习知识"）、道德素养的提升（"涵养道德"）、良好人际关系的建立（"建立世间最美的感情"、"得到呵护，得到保护"）和理想的实现（"去把少年时代的理想实现"）。

五、学校意象的教育意义

"学校意象"是儿童对"学校是干什么的"这个问题的回答，是儿童对教育功能、目的的整体看法，具有概括性的特点。但这种概括性并不同于理性思维中经过归纳总结得出的概括性，而是将事物的某一特征放大成为该事物的"代名词"式的概括性。从儿童作品中我们归纳了三种学校意象，即"作为家的学校意象"、"实用主义的学校意象"和"指向成长的学校意象"。这三种意象本身具有一定包容性，但远未涵盖研究者所关注的学校功能、目的的所有维度。孩子们更倾向于从与自身关系密切的角度看待学校，而不是面面俱到地讨论学校对于社会文化、民主社会或教师成长等所承担的意义。文学界在"儿童视角"时提出的"有限的"、"关注细节的"两个特征可以帮助我们理解这一现象①。儿童身处学校之中，对学校的看法受到现实生活中师生关系、学习体验等因素的影响，难以顾及所有方面。同时，由于儿童长于感性思维，对事物的描述多集中于细节。所以，就出现了这三种用学校某一方面的具体特征代替对学校的本质判断的学校意象。

那么，探讨儿童的学校意象有什么作用呢？现有的三种学校意象是从众多儿童作品中提炼而来的，对这三者的逻辑关系进行梳理不是一件容易的事情②。从最显著的特征来看，作为家的学校意象关注的是现在时态，即教育的过程，而实用主义和指向成长的学校意象则关注的是将来时态，即教育的结果。过程与结果本来都是生活不可或缺的部分，但现实生活中的学校，却往往出于功利的目的，将这二者放到了彼此矛盾的境地。例如，为了取得较高的升学率搞题海战术，三天两头地考试，剥夺了儿童的休息和娱乐时间，儿童的全部生活就是学习（这个"学习"还不是广义上的学习，而是死啃几本教科书），其结果或许能如愿，过程却苦不堪言。如此牺牲成长过程中的幸福、快乐换取结果的做法是儿童难以理解和接受的，因为儿童并不自然将学校教育与自身未来发展联系在一起，他们更容易相信眼前的事物。对他们而言，未来太

---

① 详见第二章。

② 我们一直在思考，用理性的方法来处理这些儿童作品是否与"让儿童自己来说"的初衷相悖？但正如后现代主义者最终发现自己只能以现代性的方式来反现代性一样，如果不按照一定的逻辑关系来组织儿童的论述，本文将使人一头雾水，所谓的"儿童视角"的教育研究也无法呈现了。关于这一点的更多讨论见本文"结语"部分。

遥远，难以看见，因而也难以相信。"生命是否被分割成了几个部分？答案是，没有。"这是布里逊在批判学校用各门不同的学科割裂了对现实世界的完整认识时所说的话，我想，这句话同样也可以用在这里：生命是否被分割成了几个片段？答案是，没有。那么，为什么要让孩子们牺牲掉今天，去换取明天（未知的）幸福呢？现实中，学校教育正是这样以追求未来的名义把对儿童施加的各种成人设计与训练合理化、正当化，夺走了儿童当下的幸福生活。儿童作品中对学校满足情感需求的呼吁提醒我们，应重视儿童的当下生活。教育必然要为个体的未来生活作准备，最终使其能以健全的方式参与到广泛的社会社会生活中，但问题的关键在于，教育究竟以什么方式为个体的未来生活作准备。"让儿童在儿童生活的阶段生活得好，不就是对将来生活的一种准备吗？"[1]

本章中的作品都是以学校的客观存在为前提来进行讨论的。20世纪70年代初激进主义教育改革思潮下的"贬抑学校教育"运动曾对学校作为专门教育机构而存在的必要性提出挑战。其代表人物——伊万·伊里奇在1971年发表的《非学校化社会》一书中就学校对教育的垄断，以及对其他教育途径的排斥进行了批判。他指出："学校的存在导致了对学校教育的需求，而一旦人们学会需要学校，则人们的所有活动往往都会依赖于各种专门机构。一旦自学的价值不为人们所信，则所有'非科班性活动（Nonprofessional Activity）'的价值均会遭到怀疑。学校告诫人们：有价值的学习乃是到学校上课的结果；学习的价值随着所受教育的量的增多而增加；这一价值可通过成绩与文凭来衡量与证明。"正因为此，学校"制度化的神话"才得以形成。作为"无政府主义"学者的伊利奇，他对学校教育制度的批判是非常激进的。但应注意到，伊利奇主张废除现代学校制度，但并不是要废除任何类型的学校，而是只废除以"与教师有关的、要求特定年龄阶段的人全日制地学习必修课程"为特征的学校。"非学校化社会"也并非意味着不存在任何类型的学校，而是指社会克服日趋严重的学校化偏向。[2]

---

[1]　刘铁芳：《守望教育》，华东师范大学，2004年版，第5页。

[2]　伊利奇指出："应当成为非学校化的，不光是社会的各种制度，而且还有社会的各种精神。""这些精神虽然广泛存在于医疗、交通、福利等各种制度之中，但最集中地体现着社会精神的，还是学校制度。因此，现代社会已经学校化了。"这种学校化的社会阻抑了其他教育网络的形成和发展，并形成了制度化的"潜在课程"，诱引人们相信学校生产出来的商品价值大于其他教育网络或非专门化服务机构的商品价值，从而形成对学校教育的制度性依赖，实现社会控制的目的，使学校作为消费社会的"再生产"机构更合法化。参见钱民辉：《论美国学校教育制度的实质》，《北京大学学报（哲社版）》2001年第2期。

在本次征文征画活动中也出现了类似的"反学校"论调。由于其对学校作为专门教育机构的存在基础提出了挑战，难以被纳入上述关于学校意象①的讨论中去，故在此单独呈现：

《我理想中的学校》

我从来没有幻想过这个问题，因为我一直是个很现实的人，当然如果让我幻想，我想我会跟其他同学幻想的差不多，会在高大的楼房中学习，会有一台电脑，学校会有优美的环境，甚至每天不用去学校，在家中的电脑上学习，但这些都不会实现，现在不会，以后我想也不会。所以我理想中的学校就这校就好了，现现实实，不会让人幻想。

——13157（杨雪莹，女，八）

该作品认为，在电脑的辅助下，学校的教育功能完全可以被在家学习所替代。这一观点揭示了计算机和网络技术对学校教育的挑战。② 孩子们告诉我们，如果学校的目的只是知识学习，那学校完全可以被取代。因此，以在家学习替代上学这一"反学校"的观点促使我们思考：在儿童看来，到底什么才是学校的根本属性？为什么非要在学校学习？什么是学校区别于其他机构的根本特征？正式学习和非正式学习、正规教育和非正规教育是那样泾渭分明、不可混淆么？在后面三章中，我们根据儿童作品中讨论较多的几个内容提出了四个研究主题，试图对这些问题作一些探讨。

---

① 取消学校的观点其实也反映了一种对学校功能的看法。
② 这一点在后文也有涉及。

第四章

我的校园生活地图

在环境中的所有经验都是空间经验。

——维克多·罗恩菲德①

儿童作品中一个非常突出的现象是，几乎所有参加本次征文征画活动的儿童都对他们心目中学校的布置、校园建筑及设施设备的改造提供了意见，更有相当一部分作品仅对校园建设的有关内容进行了描述。这一现象提醒我们关注"校园"的概念。因为，在儿童看来，"学校"的内涵在很大程度上是等同于"校园"的内涵的。那么，儿童向往的校园是怎样的呢？

一、我的校园我做主

很多作品对校园的描绘是非常写实的。这一点，对比学校的照片和学生的画作就能清楚地看出来。例如，图10是Q小学一位同学的画，图11是我们拍摄的该校的实景。对比这两幅图可以发现，图10基本上是对学校实际情况的真实写照，小作者一样不落地描绘了学校的建筑，甚至还惟妙惟肖地描绘了教学楼楼顶的两条龙，并特意标明了学校的地理位置。

在学生的文字作品中，也经常能见到这种对学校现实的描述。例如：

我是W中学的学生，我爱我的学校，在我们学校的校园内有许多篮球场，供我们打球，放松我们的心情，使我们得到娱乐。在我们教室外植有很多树木，既能使我们呼吸到新鲜空气，又可以为我们遮阳挡雨，减少大风，当我们

---

① 转引自克莱尔·格鲁伯（Claire Golomb）著、李甦译：《儿童绘画心理学：儿童创造的图画世界》，中国轻工业出版社，2008年版。

眼睛疲劳时望望教室外绿色的树木，又能使我们眼睛舒畅，有保护视力的作用。

——13166（郭晓荣，男，14岁）

图10　我心目中的学校，罗耀明（男，8岁，Q小学，一）

图11　Q小学的教学楼和校门

有趣的是，在这些以写实为主要风格的儿童作品中，有的建筑被省略掉了，而有的却出现了一些学校没有的东西。例如，Q小学并没有篮球架，而图10中却画了两个篮球架。第13166号作品略去了对学校各栋建筑的具体描述，也没有提到该校校方引以为豪的现代化教育设备①，而是把关注的目光投向了"篮球场"和"教室外的树木"。这些有意无意的增加或删减，反映了孩子们对校园建设的需求和看法。

儿童的作品用大量语言描绘了他们心目中的校园：更大的空间（教室和操场），更多的设施（如秋千、篮球架、乒乓球台、游泳池、健身中心、玩具店、超市、书店），丰富的自然景物（如动物、池塘、花草树木）等等。总体说来，孩子们心目中的学校是美丽、先进、舒适、方便、健康、安全的。

1. 美丽的校园

对美丽校园的描述是儿童作品中出现最多的主题。在大量的作品中，孩子们仔细描绘了他们心中美丽校园的样子，大到学校建筑的布局，小到墙上的装饰，孩子们用心讲述了他们对"美丽校园"的定义：具有自然的"形"、多彩的"色"和清新的"味"的校园才是最美丽的校园。

（1）自然之形

人皆有爱美之心。但美的定义是主观的，在儿童眼中，自然的东西最美。在儿童作品中，经常能见到把学校和大自然联系起来的例子，如：

操场外修围墙，围墙上还种着小花、小草，还用泥修着小鸟、小猫等动物。校门是个圆形，上面也刻着动物，花草。一盘盘花垂下来，好像门帘，多么漂亮啊！

——12273（李晓华，女，13岁，六）

【图12文字说明】我希望我的学校在绿荫中，学习时可以听见欢快的鸟叫。

我心目中的学校，绿水青山相环绕，我们生活的地方与大自然的一切相融合，如一幅山水，富有特色的画。那种与大自然和谐相处的生活是我们所追求的。

——13131（谢意，女，八）

---

① 我们在该校网站中的"学校简介"一栏中看到，该校用了大量篇幅介绍其所拥有的现代化教育设备。该校的介绍如下："学校现有占地面积9677.59平方米。教学楼、科技楼等建筑总面积13419平方米。学校各类设施齐全，拥有可容纳300余人的多媒体报告厅，可容纳64人同时上机操作的微机室，可容纳74人的标准语音室，藏书近5万册的图书室，功能完善、设施齐全的物理、化学、生物实验室。各室均配备有专职教学教研人员。学校校长室、教务处、教科室、财务室以及各年级办公室均配备有电脑，并开通了全州最高档次的校园宽带网络。"

自然的世界，青山绿水、鸟语花香、和谐幽雅。而当四季变化时，自然的校园更会呈现出变幻多彩的景色，这种生机和活力或许正是儿童喜欢自然的学校的原因吧！一位中学生用细腻的笔触描述了她心目中学校四季的变化：

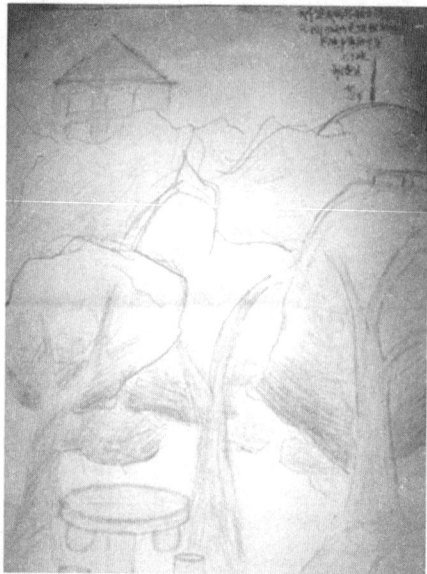

图12　谢雯佳（女，12岁，W中学，七）

我心中的校园没有富丽堂皇的教学楼，有的是美观大方，色彩协调普通的教学楼。因为我喜欢赏景，自然心目中的校园不管何时，无论站在哪个角度，都别有一番风味。在这个校园中所有的一切都会充满画的气息，它让你感受春的暖意，夏的激情，秋的成熟，冬的寒意。当然，不会少了学习的氛围。

当春步入校园，看那树木抽出新的枝条，长出嫩绿的叶子。操场上的草也偷偷地探出了脑袋，操场东边的木棉树上开满了火红的花，像一团团燃烧的火。因为我喜欢荔枝，龙眼，所以学校里当然不能少了这两样。荔枝、龙眼满树都是花，引来了许许多多的蜜蜂。蜜蜂发出嗡嗡声，和着五彩缤纷的花朵把校园点缀得有声有音。……夏天，树木长得葱葱笼笼，密密层层的枝叶把操场封得严严实实的。操场中间的两棵老槐树像两把撑开的绿绒大伞。师生们的穿着也大变样了，随着温度的上升，长袖变成了短袖。如果说春是朱熹笔下的"胜日寻芳泗水滨，无边光景一时新"，那么夏定是杨万里的"泉眼无声惜细流，树阴照水爱晴柔"。

秋天，老槐树的叶子黄了，榕树，黄金叶、九里香一点儿也不怕风的到来，还是那么绿。

冬天，西北风呼呼地刮过树梢。可是校园里的树木依然生机勃勃。操场边的杜鹃长出了美丽的花，有紫的，粉白的，远远望去好像一把把伞。

如此美的四季景岂是我随便描写得出来的，如果现在是一位大诗人站在这里，想必这景在他的笔下定美如山水画吧！

……

——13044（方钟幸子，女，14岁，八）

苏霍姆林斯基认为，人曾经是、而且永远是大自然之子；儿童周围的世界，尤其是那个包含无穷现象和无限美的大自然，是儿童理性的源泉，也能促使儿童与社会的联系得到增长。特别是在学前时期，儿童还保持着"野蛮人"的一些特征，他的身心世界和大自然保持着最为密切的鱼水联系。正是在这一思想指导下，他创办了"蓝天下的学校"——"我们的学校将来就在蓝天底下，在绿草地上，在大梨树下，在葡萄园里，在牧草场上"①。儿童作品也证明，儿童最向往的正是在蓝天下、在大自然中的学校。

（2）多彩的色

与现实中单调的校园颜色形成鲜明对比的是，儿童心目中的学校是丰富多彩、异彩纷呈的。例如，图13并没有描绘学校各栋建筑的外形，而是用不同的颜色构成了作者心中的理想学校。这所学校有绿色的树、红色的花、黄色的操场，每间教室都有自己的颜色，组合在一起，仿佛七色彩虹一般。

一般来说，代表明亮的、温暖的、鲜艳的、快乐的、娇美的、柔软的、活泼的、纯真的颜色都是儿童喜欢的。大量研究表明，不同颜色对人的生理和心理发展，以及学校教育教学活动的开展具有不同影响。凯查姆对三类学校环境对学生的影响进行了研究。他以三所学校为研究对象：第一所是没有油漆过的；第二所学校用的一般机关用的淡黄色的墙壁和白色天花板；第三所学校按照颜色产生的动力原则，把走廊漆成令人兴奋的黄色，把门漆成灰色，朝北的教室是淡玫瑰色的，朝南的教室则使用蓝绿等冷色，教室前方的颜色比两侧墙壁的颜色深。两年后，第三所学校的学生在社会习惯、健康、行为安全和语言、艺术、算术、社会学、科学、音乐学习方面都有明显进步，第一所学校的学生进步最小，而按照常规方法油漆的第二所学校的学生则居于二者之间。②

这一研究提醒我们关注颜色的动力作用。范国睿认为，教室里是进行智力活动的地方，为帮助学生集中注意力，宜使用较低亮度的冷色；而暖色可以促使人对外界产生兴趣，故宜用于运动和娱乐场所。③然而，在儿童看来，学校应该是一个让人自由玩耍、获得开心、快乐的地方（例如，图13就描绘了一个女生在操场上玩耍的场景，并附文"瞧一瞧可爱的我们，这就是快乐园地。瞧我多开心，这就是我的学校"）。儿童倾向于在学校大量使用明亮、鲜艳、

---

① 苏霍姆林斯基著、唐其慈等译：《把整个心灵献给孩子》，天津人民出版社，1981年版，第30页。

② 参见范国睿：《教育生态学》，人民教育出版社，2000年版。

③ 同上。

温暖的颜色。成人与儿童这种在校园颜色设计上的差别实际上是二者对学校的功能、作用的分歧。可以说，色彩是帮助我们了解儿童的一个符码，能折射出儿童内心世界的光华。

图13　我心目中的学校，无署名

（3）清新的味

除了视觉上的美，儿童心目中的理想学校还需气味清新、空气怡人。因为清新的空气能使师生解除疲劳、调节情绪，使师生拥有一个良好的心态，所以这一需求在儿童作品中也反复出现。① 例如：

让每个教室都种一些花，让我们在学习过程中，就好比在郊游。当老师们教学疲倦时只要闻到花的芳香就不会感到疲劳了。同学们上课要睡觉时只要闻到花朵的芳香也就不会想睡觉了。　　——12270（曹道星，女，14岁，六）

学校里空气清新，有一种特殊的香气，能让我们一闻就变得十分快乐。一闻就充满自信。　　——13040（康清虎，男，14岁，八）

在我心中的校园是这样的：校园是一片绿色，这样能保证学校里清晰的空

---

① 本文第二章最后提到了Z中学学生反映的臭味问题，在此不再赘述，见本文第26页。

气。这样同学们能够有更好的心情和体力学习。这样会有更好的精神更好的心态。

——13151（谭紫妍，女，14岁，八）

总之，儿童心目中的美丽校园总是与大自然相联的，是能带给身体各个感官美好的享受的，是让儿童感到轻松、愉快的校园。这一对学校的设计看起来和公园差不多。图14就是典型的例子。若非题目标明"我心目中的学校"，亦可将其看作是公园的设计蓝图。

图14 我心目中的学校，林秋妮（女，13岁，W中学，七）

英国学者研究认为，在主题公园里的经历对孩子们想象设计自己喜欢的学校产生了重要影响。因为，在孩子们看来，学校的首要目的不是学习，而是玩耍和探险的地方。① 本研究收集到的儿童作品验证了这一论断，孩子们对校园进行设计时的理念也反映了他们对学校的目的、学习与玩耍的关系的看法。②

---

① 凯瑟琳·波克等著、祝莉丽等译：《我喜欢的学校——通过孩子们的心声反思当今教育》，中国轻工业出版社，2006年版，第51页。

② 这一点在第三章和第六章有具体说明。

2. 先进的校园

如今的儿童是在电子媒体时代成长起来的新一代。这一新媒体（特别是计算机技术）是在毒害我们的孩子，还是在培养他们？对这一问题的回答呈现出典型的"两极化的解释"：以波兹曼为代表的悲观主义者们认为，在媒体（特别是电视）的影响下，传统意义上的童年正在消逝；而以唐·泰普史考特（Don Tapscott）等为代表的乐观主义者们却认为儿童天生具有一种强有力的"媒体素养（Media Literacy）"，在儿童与成人使用媒体的能力与体验之间存在一道日益扩宽的代沟。对此，大卫·帕金翰认为，以上两种论调都以一种本质论的观点来看待"儿童"与"青少年"，对媒体与科技的角色带有一种决定性的倾向。因此，他主张从现实的角度，发觉童年生活体验的多样性，以及儿童与媒体之间关系的多样性，了解这些变化的复杂性和潜在矛盾，以免高估了媒体与科技的力量，抑或低估了儿童利用媒体来创造他们自己的意义及快乐的各种方式。①

本次征文征画活动为了解儿童对媒体的看法提供了机会。大量儿童作品谈到了新媒体、新技术在学校中的应用。例如：

我心目中的学校非常的漂亮，也非常的高贵和方便。如果上课了同学们不用走，可以坐电梯，同学们都有一个自己的电脑。

——12244（周鑫，女，12岁）

我希望每一个桌子里都有一台电脑，所有的书内容都在电脑里，这样，离学校远的同学就不用那么辛苦。　　　　——12282（谢倩，女，12岁，六）

在将来，我们的学校一定很先进。如果我做不到作业，它可以给我讲解。如果老师想知道这个词是什么意思，它马上就能显示出来，写字只要念一下，它马上就写在黑板上了。写字的笔也是全自动的，想写什么颜色就写什么颜色。门和窗子也是自动的，想让它关，它就关，想让它开，它就开。

——12214（季青，女，11岁）

---

① 参见大卫·帕金翰著、张建中译：《童年之死——在电子媒体时代成长的儿童》，华夏出版社，2005年版。

学校有一个图书室，里面有很多图书，这些图书按年级和班分类，一个年级三个书架，一个班也是，这个图书室里还要安有监视器或警报灯，如果有学生破坏图书或有偷窃行为的话，老师将以重罚，而且每个学生都要有"图书证"。"图书证"是专门看图书的证件，但只能在学校里使用，而且图书室有专业的老师管理。

学校的教学楼是像童话里的城堡一样宏伟壮观，一、二、三年级在一楼和二楼上课，四、五、六年级在三四楼上课，老师的办公室在最顶楼，每一层楼都有电梯，但只能在有事的时候使用，电梯装有测谎仪，如果你只是想玩玩电梯而撒谎的话，电梯就不会给你开门。

学校还有一个专为学生设计的，免费学电脑的教室，有专业老师指导，让学生能文明上网。

学校还有音乐教室、美术教室、生物实验室、化学实验室等。我们的座位也是多功能的，做眼保健操的时候，它会监督你做眼保健操，如果你写字的时候离本子太近，座位就会升高。而且，我们的课桌就像一个箱子，每张桌子都有自己主人的密码，外人打不开，这样不会使自己的东西被盗。

我们学校的厕所都是多功能的，里面有散臭机器，而且只有一按开关，里面的粪就会自动去灌溉庄稼，而且还能把有害物质清理在一边。

这就是我心目中的学校，或许你觉得很神奇，或许你觉得这不会成真，但是，我要告诉你，我一定要努力学习，让梦变成现实。

——12289（宋佳，女，12岁，六）

从这些作品可以看出，在儿童心目中的学校，新科技的应用是非常广泛的，从为日常生活提供便利，到辅助教学、维持秩序均可发挥作用。值得讨论的是，在辅助教学方面，这些作品更多地是把新科技当做既有教学方式的补充。因此，与泰普史考特等乐观主义者的预期相反，新科技的应用并不能带来既有师生关系模式的变革，反而变成维护传统师生关系的手段。特别是在明显带有科幻性质的第12289号作品中，作者在图书室、电梯、课桌椅中均安装了监视器、测谎仪和监控设备，以便对学生的违纪或不良行为进行监督。这种技术的应用或许不现实，但却是现实中对学生无处不在的监视、控制在儿童心里投下的印象。

另一个值得讨论的问题是城乡教育差距的问题。收集到的儿童作品中比较集中地表现出对新技术的渴望的是 Q 小学和 G 小学。这两所学校均属于农村学校，条件非常简陋。据我们观察，Q 小学仅有一台电脑，放置在专门的电教室里。G 小学稍好一些，由于农村远程教育工程的资助，该校有一间电教室，共四十多台电脑。此外，该校还有一个专供教师使用的电子备课室。G 小学的儿童作品中比较集中地出现了增加电脑数量的要求。特别地，还有两个作品提到了农村学校和城市学校的差距，例如：

> 每个人都向往有一个学习环境好的学校。当然，我也不例外，特别是对于我们农村的小学生来说有一个环境好的学校，那更是一件很向往的事情。
>
> ——12275（罗宇，女，12 岁，六）

> 我希望，我们小学能像城市里的学校那么漂亮，装修那么美观……我们的桌椅都像我们现在的电教室里一样的桌椅，我还希望我们每一个教室都有一台电脑。
>
> ——12294（高寒，男，12 岁）

相比而言，本研究中的另外两所学校的情况要好得多。W 中学是城区的学校，有专门的电教室，虽然生机比（即学生数和计算机数的比例）不高，但城区学生的家庭电脑拥有程度比农村学生要高一些，一定程度上缓解了学校电脑数量不足的矛盾。在四所学校中，Z 中学的校园硬件条件最为优越，每个教室内均有一个多媒体控制台，包括了电脑、投影仪、音响等设备，教室内还装有暖气和图书架。该校校长介绍说："近几年，学校硬件发展非常快。不出两三年，学校的硬件建设条件就不比城里差了。因为政府投资大。"

城乡教育资源的差距和教育资源配置的不均衡是我国长期存在的一个教育问题。以往我们谈这个问题都是从国家的政策调控、教育的基本价值追求的意义上来谈，对这个问题的讨论总是拿统计数据说话，而忽视了作为教育资源直接使用者的学生对这个问题的直接体会。从孩子的口中听到关于城乡教育差距的表述，让人何等揪心！

3. 舒适的校园

在整理儿童作品中，我们发现了一个有趣的现象：Q 小学学生的作品中出现频率最高的词汇就是"吸热玻璃"，例如：

我们的学校有高科技，非常美丽，装有冬暖夏凉的玻璃，那可多好啊！

——11025（舒鑫，男，11 岁，五）

我希望我们有一个美好的学校。……所有的窗户都是吸热玻璃做的。到处都是绿草。

——11027（吴强，五）

学校里必须要有一扇非常大的铁门。这样操场外面还有很大山，这样可以使学校内冬暖夏凉。我也希望教室内安装了吸热玻璃。

——11029（雷琴，女，11 岁，五）

遗憾的是我们没能就此问题对该校学生进行访谈。但从在该校观察的情况来看，该校教室中没有安装电扇、暖气、空调等控温设备。因此，我们推断该校在冬夏两季的温度是学生难以忍受的。人们一般容易忽视温度对学生行为及教育教学活动的影响。但有研究表明，温度是影响学生行为与课堂活动的重要因素之一，最适宜学生智力活动的教室温度是 20—25℃，环境温度每超过这一温度值 1℃，学生的学习能力会相应地降低 2%。[①] 这种对"吸热玻璃"的渴望实际上是学生对舒适的校园环境的渴望。

从儿童作品的整体情况来看，除了适宜的温度，孩子们对心目中的舒适校园的共同诉求还有宽敞、方便、干净。

（1）较小的班级和较大的操场

宽敞是 W 中学学生的主要诉求之一。该校学生讨论较多的一个主题就是班级规模。W 中学是恩施市中考上线率最高的初中，所以，尽管当地实施的是就近入学政策，但还是有很多家长通过各种方法把子女送到该校就读。[②] 因此，近年来，W 中学的学生总数不断增长，班级数量从一个年级八个班增长到现在的十个班，每个班的人数少则六七十，多则近百人，是名副其实的"超级大班"。然而，该校的教学楼仍维持二十多年前的状况。近年来，学校在校园建设方面进行了改善，修建了新的实验楼（见图 15 上方的五层楼建筑），但实验楼只作为专门的实验室使用，教室面积并没有增加。如此一来，

---

① 范国睿：《教育生态学》，人民教育出版社，2000 年版，第 238 页。

② 恩施市作为州府所在地，在恩施州八县市的经济、社会发展中均居前列。近年来，其他县市人口往该市流动的趋势增长，流动儿童的教育问题日益凸显。据该校教师估计，目前在 W 中学就读的流动儿童约 200 人，占学生总数的 10%。

W中学"人多地小"的矛盾就比较突出了。对每天生活在该校的学生来说，对这个矛盾的体会就更深了。所以，很多作品中都提到了扩建学校、缩小班级规模的建议。例如：

我心目中的学校每个班上"人口"一定不要太"密集"。80平米的教室，50个人，这样，顽皮的孩子们下课在桌椅走廊间穿梭就不用磕磕碰碰上了。

——13129（胡梦晗，女，14岁，八）

学校不太令人满意的是教室。一个班七八十人，而教室却还是小小一间，既不明亮也不舒适。楼梯间拥挤。虽然这都是人多造成，但学校应该根据这种情况适当扩建，给学生，老师一个更好的学习，工作环境。

——13134（姜影，女，八）

学校面积太小，许多基础场地都没有，设施也比较少，限制了学生的动手能力，不能让学生很好的发展其动手能力，没有锻炼机会。

——13160（罗娜，女，13岁，八）

图15：W中学的教室、
实验楼和厕所

拥挤的教室一去不返，我们坐在宽敞舒适的教室中读书学习，那该是一件多么有惬意的事情呀。
　　　　　　　　　　　　　　——13022（李乃东，男，14岁，八）

我们观察发现，该校教室中桌椅排得满满的，一排有 8 至 10 个学生（教室是八角形的），教室中间是 4 个同学同桌，整个教室内只有两条狭窄的走道，两个人并排通过的话就会非常拥挤（见图 15 上方）。

儿童倾向于从个人感受（是否感觉到拥挤、活动是否受限）的角度来谈论班级规模。不能说这一问题从来没被研究者注意过，但自从夸美纽斯发明了班级授课制以来，有关班级的考虑总是集中于班级规模的经济效益、以及班级规模对课堂教学的影响这些议题上。从办学的经济效益出发，人们希望班级规模大一些，但考虑到其对课堂教学与学生身心发展的影响，班级规模不宜过大。[1] 杰克逊认为，过于拥挤的环境会迫使人们被迫轮流使用有限的资源，"当人们被要求作为一个团体去实现一个目标时，这个团体的速度必然是该团体中最慢的成员的速度"[2]。在课堂环境中，各个学生完成课堂任务的速度不一致，做得快的学生往往需要等待稍慢的学生，这种等待频频发生，导致学生产生了耽搁、拒绝、阻断和分心等体验。站在儿童的角度反思以上研究，它们都有一个前提假设，即班级是一个以完成学习任务为导向的集体，所有班级成员必须尽量以最快的速度、完成尽可能多的任务。这种对儿童"更快、更多"成长的要求实际上关注的都是成年的价值，其言下之意似乎在说"童年时期没有意义、必须帮助孩子们尽快脱离这一状态"。相比之下，儿童的看法就简单许多。他们关注的更多是当下的状态、此刻的感受，他们很难理解为了未来的目标牺牲当下的幸福的行为。所以，如果一个教师在课堂上指责学生不认真听讲时，或许那个学生心里暗暗在说"不要问我为什么不听讲，同桌挤得我难受死了"。

对于宽敞的诉求并不只是 W 中学的个别现象。大量儿童作品中均出现了对"一个很大的操场（或运动场、草坪）"的描述。例如：

我心想有座很大的学校。校园中可以打乒乓球，可以踢足球，可以打篮

---

[1] 要声明的是，目前尚未有研究确证班级规模与学生学业成绩之间有必然影响，支持或否定这一观点的两方面证据并存。

[2] 范国睿：《教育生态学》，人民教育出版社，2000 年版，第 260 页。

球，还可以拍皮球。　　　　　　　　　——11037（向宏伟，男，11 岁）

我心中的学校是一个有健身中心的。有两个操场，下面是教学楼、旗杆，下面操场周围是绿化地带，大门前面有两棵大桂花树。上面是草地，有健身中心，有宿舍、草地东边有篮球场，乒乓球台，周围是跑道。对了，还有一个水上乐园。

——12255（范芳，女，12 岁，六）

我心目中的学校是一个很大，很美的地方。花坛的后面是一个很宽的篮球场和跑道，篮球场中足有 12 个篮球架。　　——13171（敖菁，女，13 岁）

我心目中向往的学校是：有一个花园，同学们可以到那休息，玩耍，甚至可以作为一个天然的生物实验室。　　　　——13133（向闽睿，女，八）

西方学者把学生们下课或体育活动时所使用的校园环境称做"被遗忘的空间"，对这些空间的遗忘或忽视似乎也清晰地告诉了孩子们"应该做什么"。[1] 学习导向的教育理念和学校文化使得对学校设计的观念变成以学术成就为重点，导致了成人对孩子玩耍、娱乐的忽视，操场因此"被遗忘"。校园在成人控制下变成空荡荡、单调的场所，就算是铺满整个场地的设施也是为了保护孩子运动时不受伤害，而不是鼓励自由玩耍。甚至以"安全"为理由限制学生活动，并拒绝为之提供必要的条件的事例也不断出现。[2] 然而，孩子们从获得娱乐的角度看待操场，对孩子们来说，学校是玩耍和探险的地方。孩子们渴望宽敞的操场，因为在那儿，可以不做功课，还有机会和朋友们一起玩耍。[3] 从这一视角来看，就可以理解为什么很多儿童作品中都出现了对于"水池"、"喷泉"（图16）、"秋千"、"游泳池"等娱乐设施的诉求了。

---

[1] 凯瑟琳·波克等著、祝莉丽等译：《我喜欢的学校——通过孩子们的心声反思当今教育》，中国轻工业出版社，2006 年版，第 47 页。

[2] 例如，为了怕学生出现意外，拆掉了学校的单杠；为了规避风险，不组织学生春游等等。更值得关注的是，这不仅是一两所学校的自发行为，还是教育局正式发文禁止的行为。这一现象在我国很多地区都存在，例如，某市曾明确发文要求"全市各级各类学校原则上不统一组织师生外出春游"（http://news.sina.com.cn/c/2004-04-09/16332265755s.shtml）。

[3] 当然，不可否认，对一些学生而言，操场也可能是一个让他感到厌倦、孤独和恐惧的地方。

图 16　胡玉洁（女，W 中学，七）

（2）便利的学习、生活条件

便利的学习、生活条件首先要求有充足的设备条件。儿童作品中根据各校的实际情况提出了改善学校硬件条件的诉求，如增加电脑数量、增设学习设施、配备实验设备等。例如：

我们的学校其实还是不错的，就是电脑少了一点。我们很多班上都没有电脑，惟独五年级有一台。我觉得每个班都有一台就好了，因为老去电教室很不方便，下课了，别的班上还要来上课，而我们就要离开教室，一节课，有时还没有学到什么，就已经下课了。我希望我们的校长能够花一点钱，去买电脑，当然是每个班一台。

——12293（罗杨，男，13 岁，六）

校园内还应当有一些与学习有关的一些设施，比如说：有齐全的实验工具，有专门的体育馆。甚至还应当有大礼堂，这样可以保证在举行什么大会和文艺活动时不再为怕雨天而担心了。　　——13151（谭紫妍，女，14 岁，八）

在我的心目中，学校是一定要有齐全的设备的：要有微机教室，语音教室，电教室，生物实验室，物理实验室，图书室，体育器械室，标本存放室，公开课室，以及好的食堂及营养的搭配膳食。

——13129（胡梦晗，女，14岁，八）

便利的学习、生活条件还要求合理的规划设计。例如，13140号作品就对W中学厕所的位置设计提出了意见。

我觉得厕所是个很重要的因素，因为人有三急，而学校的厕所又修得太远，每次下课10分钟，几乎来去一趟就来不及了，万一遇上拖堂就更惨了。所以厕所应该是多修一个，离教学楼近。 ——13140（张顺钰，女，14岁）

图15下方的两层楼建筑就是几年前新建的厕所。该厕所的规模是我们见过最大的，基本上解决了学生课间上厕所排队等候的问题。然而，该厕所位于校园东北角，而教学楼在学校西边，学生需横穿整个操场才能到达。如果拖堂，学生就没时间上厕所了。

还有学生提出，可以在音乐室和图书馆使用自动化技术，为学生学习、阅读提供方便：

我们的音乐室是多功能的，只要您走进音乐室，只要您打开音乐，说出音乐的名字，音乐就会自动打开。还有图书馆，您想看什么书，只要你告诉电脑你要看什么类型的书，电脑就会告诉你这种书在哪个书架，阅读也很方便，坐在座位上轻声朗读。 ——12270（曹道星，女，14岁，六）

（3）干净的校园环境

干净、卫生的校园环境也是舒适校园的重要因素。中小学生的作品中也有较多这方面的描述。孩子们注意到校园卫生的"死角"和细节，提出了具体可行的改进措施。例如：

不要乱扔垃圾，学校永远是干干净净的，这样的校园只有欣赏不完的美丽。 ——12281（李红梅，女，12岁，六）

希望校方能提供固定的垃圾场，不要这里临时一个垃圾桶，那里临时一个垃圾桶。 ——13142（林敬涵，八）

校园乱丢乱扔的现象还是很突出，虽然操场上很少，但都把垃圾转移到"后台"，厕所里、教室里、食堂顶篷上随处可见，希望学校还要大力狠抓这种现象。　　　　　　　　　　　　——13153（鲜孜灿，14岁，八）

学校厕所应该每天好好地洗一番。　　　　　——13019（梅辛平，八）

总之，宽敞、方便、干净的校园让孩子们感到舒适，只有在孩子们感到舒适的情况下，才能顺利开展一系列教育活动。这方面如此多的儿童作品，让我们不得不关注学生的这一基本生理需求在现实中的满足程度。

4. 健康的校园

儿童作品中关于健康的讨论集中于对食堂和午餐的看法上。一些作品对学校现有的就餐环境和食物质量提出了意见，例如：

我觉得学校的早、中餐吃起来不怎么放心，洗菜似乎手也没有洗干净。
　　　　　　　　　　　　　　　　　——13152（谭浩，男，14岁）

学校不能销售垃圾食品。食堂的伙食不能太差，要卫生。
　　　　　　　　　　　　　　　　　——13174（董渊，女，七）

我心目中的学校是实验小学。……学校食堂修得很好，每天的饭菜也非常可口又便宜。① 　　　　　　　——13186（刘文欣，女，14岁，七）

还有些作品提出了改进食堂的设想，例如：

我希望我们的学校有一个能让我吃上热饭的食堂。
　　　　　　　　　　　　　　　　　——12238（张杰，女，10岁）

---

① 该作品是通过表扬其他学校的食堂，反映了作者所在学校的食堂的问题。

学校里面有商场，可以让我们每天都有东西吃。

——12214（季青，女，11岁）

食堂也要弄得好一些，食物要科学营养搭配。 ——13142（林敬涵，八）

学校的食堂也是有很好的建筑，因为这是学生们饮食的地方，必须保持整洁干净，这样才能保证学生们的饮食是有好的保障，学生们才能安全的饮食。

——13170（彭芳，八）

　　基于四所学校的现实条件，孩子们对食堂的要求不尽相同。列举这些作品一方面是想呈现孩子们对食堂改革的具体意见，如注重环境卫生、科学配餐、增加花样、价钱便宜；另一方面，孩子们参与该问题讨论的热情让人印象深刻。在英国《教育监护者报》组织的"我喜欢的学校"征文活动中，关于食堂和餐厅的讨论也非常热烈。中外处于不同生活水平和现实条件的儿童均对此感兴趣的现象说明，不能单纯地从经济的角度去解读这个问题，也不能将它简单地理解成为"喂饱肚子"的问题。借用现象学教育学的思维，我们应思考的是，儿童在学校就餐的体验到底是怎样的？这种体验，对儿童来说，究竟有什么意义？

　　了解儿童在校的就餐体验需要进行专门的调研。这里有必要说明的是，尽管上述作品中都是对现实中的食堂环境持否定意见，也不排除有孩子喜欢在学校吃饭。无论孩子们对这些饭菜的实际评价如何，确定的是孩子们似乎很清楚食物和服务的质量，也懂得如何去选择。民以食为天，饮食是生存的基础，在一些国家，向学生供应免费的午餐是学校的义务。① 同时，食物也是一种交流的语言，是孩子们集体生活中共享的代码。② 在学校就餐的经历是学生校园生活的重要组成部分，这种体验是否愉快可以影响学生对学校的喜欢程度，这也更好地说明了各个年龄段的儿童在描述和设计他们喜欢的就餐环境和校餐时展现出来的热情。

　　类似的还有针对饮水问题的讨论。本次征文征画活动中就有这样一个

---

　　① 例如，在英国，向学生提供免费的牛奶和热饮被认为是消除贫穷和社会不平等的重要手段。
　　② 凯瑟琳·波克等著、祝莉丽等译：《我喜欢的学校——通过孩子们的心声反思当今教育》，中国轻工业出版社，2006年版，第38页。

例子：

> （我希望）热天，每一层都有冷水洗手，而且有开水可以喝。
>
> ——12282（谢倩，女，12岁，六）

遗憾的是很多学校并没有考虑过学生饮水的问题。[1] 因此，英国《教育监护者报》在对孩子作品中反复出现的对饮水的需求进行分析后认为，"孩子们感到口渴是一个教育相关的问题"[2]。

5. 安全的校园

由于本次征文征画活动在"5·12汶川地震"之后组织的，所以很多儿童作品提到了对安全校园的诉求，最关注的就是学校的抗震效果。例如：

> 我心目中的学校是一个非常自然的学校，里面有花有草，要有树还要有许多的运动器物。不过从这次512大地震后我心目中的学校只要非常的安全就好了。
>
> ——11028（无署名）

> 学校的年龄也大了，教学楼似乎已经不太坚固。在震惊中外的汶川大地震中，我们为之痛心的是倒塌的房屋大多都是学校。一个个正处青春年华的生命，就这样不幸地被埋在了废墟之下，我们在痛心疾首的时候，也应想到不要再让这样的悲剧重演。 ——13160（罗娜，女，13岁，八）

> 我理想中的学校是很完美的，各项措施都有防震、防水、防火、防雨等。
>
> ——24007（无署名）

Z中学的校园建筑为平房，从该校学生的作品中可以看到，对平房具有的防震效果的肯定明显增强了学生对学校的认同感。例如：

---

① 也有反例。W中学几年前在每个教室内安装了一台饮水机，师生们普遍反映方便了许多。

② 凯瑟琳·波克等著、祝莉丽等译：《我喜欢的学校——通过孩子们的心声反思当今教育》，中国轻工业出版社，2006年版，第36页。

房子最好是平房，那样危险降临时可以安全脱险。

——24012（王阁，女，七）

我觉得学校应该是一个平房，门应该大点，教室里的摆设应该稀疏一点，因为当有灾难的时候，可以迅速地离开。 ——24002（汪子键，男，七）

我所在班级的房子都是平房，一个教室里有四个门，那样在发生危险的时候可以及时跑出危险地带。 ——24006（无署名）

我理想的学校的房是平房，我认为平房比楼房好，一旦有危险如地震，把房子震塌，我们可以在桌下避难，生存机会比楼房大。 ——24010（无署名）

二、校园环境的功能

建筑学家苏利文认为"形式跟随功能"，建筑的形式是由其功能决定的。所以，在见识了儿童心目中的理想校园之后，有必要了解其设计理念。从儿童作品来看，孩子们关注的校园功能主要有四方面。根据相关主题在儿童作品中反映的程度（从高到低），这四个方面依次是调节情绪、增强对学校的认同、满足学习需要、塑造品格。

1. 调节情绪

关于校园环境与学生情绪的相互作用是儿童作品中讨论较多的主题。学生们普遍认为，自然的校园环境有助于缓解疲劳、减少压力、调节情绪。例如：

我希望学校的操场上有一个荡秋千的地方，让我们感受到愉快，也让伤心的同学快乐起来。 ——11032（罗金秀、罗娇，女，11岁）

多在校园植树，因为植物能净化空气，早上到校后面对许多绿色景物，心情和情绪也会好很多。在炎炎的夏天，看见如此的绿色景物，我想心情也会凉快许多。

——13142（林敬涵，八）

想象中的校园是一片片的绿色构成的。校园可以不要那么豪华，可以不要那么金碧辉煌。但是我希望校园被绿色点缀。因为现在的学生学习负担比较重，视力下降得很快，而且有时遇到不快乐的事，不知道怎样发泄，如果校园是绿色，那么下课时看一看校园的各处，不仅可以缓解眼睛的疲劳还可以娱乐心情。

——13146（于晨，14岁）

我理想中的学校不一定要多大，但一定要有郁郁葱葱的树林，给学校增添生气的绿荫。我理想中的学校，不一定要多豪华，但一定要有平坦的操场，给人一种轻松之感。教学楼整齐地排列着，有一种庄严肃穆的感觉。

——13162（饶健，女，八）

2. 增强对学校的认同

在 G 小学和 W 中学的儿童作品中，有部分作品表现出了对学校的强烈自豪。这种自豪感和认同感还和校园环境、特别是校园中的一些"标志性"事物联系在一起。例如，G 小学儿童作品中多次提到学校的那几棵桂花树。图17特意在两座房子（未涂色）之间画了一棵比房子还高的树，并涂上了颜色。综合考虑该校其他儿童作品的情况，我们认为这正是对该校桂花树的表现。该校一位毕业班学生深情地描述了他对母校的依依不舍之情，其中更是花了大量篇幅描写这几棵桂花树：

我的学校是一个非常美观的学校。

……每当八月来临时，早上走进学校的大门，就会有一股香气扑鼻而来，那就是每八月开的桂花。"啊！好香啊！……"这句话每个小朋友都说过。花坛里的那些花被这股香气迷得如痴如醉。秋天的风一吹，桂花树便摇摇摆摆，桂花一朵一朵地落下来了，风，又大了一些。如果你坐在栽桂花树的花坛上，似乎漫天都是，仿佛觉得这香气会飘到十里外。

……我喜欢我这美丽的学校。虽然它的外表没有别的学校建设的美观，但是，它永远是我心中最最可爱的学校。

虽然，这学校永远是我心目中最美丽的学校。但我在这里与它相处的时间已不多了。马上就要走进校园的大门，就要进入少年时代了，但我是绝对不会忘记在小学六年的生活，绝对不会忘记这里那么多的老师的，还有那三棵桂花树。

我爱这美丽的校园，我爱这些老师、爱这几棵桂花树，爱操场上的五星红旗，爱这所学校所有的东西……！　　　　——12267（苏秋杰，11岁，六）

图17　范春雨（G小学，三）

正是由于该校儿童作品中多次出现对"桂花树"的描写，我们在该校进行田野调查的时候特意找到了这几棵桂花树。有趣的是，我们找遍全校只发现两棵桂花树，作文中所谓的"三棵桂花树"从何而来？不过桂花树究竟有几棵并不重要，重要的是关于桂花树的记忆已经变成该校学生的"集体记忆"，是他们学校生活经验中不可或缺的部分，见证了他们的成长。桂花树带来的清香和它激发的美好情绪，把孩子们的心和学校紧紧连在了一起。

W中学的校园建设在恩施市并不突出，但它的历史和声望却是吸引孩子们的主要因素。例如，该校有学生写道：

我所在的学校并不像贵族学校那样豪华典雅；不像私立学校那样严密，但我的学校却是一所历史悠久，享誉盛名的学校。它没有豪华的设施，但却经久耐用；它没有优美的教学楼，但教学楼上几块剥落的墙面却略显得有几分悠久。我的学校处处都表现了几分历史。在操场上，会看到光荣榜上那一张张荣誉的脸，这是光荣胜利的历史；在走廊上，一幅幅伟人的照片历历在目，这是革命的历史。我眼中的学校就是这样：有着悠久的历史，学校俭朴，纯真，这才是好学校。

——13026（周翔，男，15岁，八）

可见，良好的校园环境不仅可以直接吸引儿童，其营造的校园文化氛围也是让儿童认同学校的重要因素。

3. 满足学习需要

在一些孩子看来，校园环境的主要功能是为学习活动提供场地，满足学生学习的需要。学校就是"读书的地方"，并要为学生不断增长的学习需要提供便利。例如：

教学楼，用不着多么豪华多么漂亮，那是读书的地方，只要结实、大方就够了。

——13129（胡梦晗，女，14岁，八）

我心中的理想学校应该有一个永远对学生开放的图书馆、计算机房，如果这样，学校管理起来难度会很大。但学生的学习已不可能只限于课堂，只限于学校，互联网上的各种信息已成为丰富的教学资源，面对学生的需求与学校临时过渡的困难。

——13006（谭天宠民，男，14岁，八）

4. 塑造学生品格

还有作品提到了校园环境在塑造学生品格上的作用，例如：

我心中的理想学校应该是一所有品位的学校，一个学校的品位先是一个校园品位，包括每个细节，没有建筑，每一处绿化都应精雕细刻，细节有时更能反映品位，其次，一个学校的品位反映在学生的品格上，因为只有人格品格完善才会有品位。

——13006（谭天宠民，男，14岁，八）

本部分根据各个主题在孩子心中的重要性进行了排序，排在前面的是情绪、情感方面的功能，即调节情绪和增强对学校的认同；后两位分别是学习（满足学习需求）和品德（塑造品格）方面的功能。调节情绪的功能排在第一位既是对儿童心理压力过大的现象的写照，也与过程指向的"学校意象"遥相呼应，因为情绪问题是孩子们正面临的问题。儿童是用形象来思维的，在长期的观看过程中，对校园中一草一木的认识构成了对学校的整体印象。这一印象如此之深，以至于当孩子们长大后在回忆成长经历时，总是会说起记忆中的校园，甚至还会绘声绘色地描述校园某一个角落的一株小草、一棵小树。可见，儿童对于空间的体验是联系其与学校的重要纽带。至于校园环境在学生学习和品德培养方面的作用是很多相关研究的主题，研究者们把校园环境称做"无声的教科书"①、"第三位老师"②，都是对校园环境的"育人功能"的强调。儿童作品中出现的类似内容也表明了他们对这一文化的认可和接受程度。

三、区隔的学校空间

本次征文征画活动让孩子们有机会描画他们心中理想学校的蓝图，从中还可以看出儿童真实生活体验的端倪。在反复阅读这些作品的过程中，我们发现，现实的学校空间具有明显的"区隔化"特征。

"空间"是人类作为行动者的活动环境，长期以来一直被看成是死亡的、固定的、非辩证的、静止的。随着现代性的发展，特别是在后结构主义和后现代理论影响下的批判的、女性主义和后殖民主义教育学的影响，人们开始认识到物理性并不是空间的唯一特性，空间被看成是社会关系再生产的承载体和社会规范的建构物，空间的社会性得以凸显。因此，本书对学校空间的讨论也不局限于物质层面，还包含了生活于该空间内的人及其关系。从对儿童作品的分析来看，学校空间的"区隔化"特征主要表现在三个方面：校园内外的区隔、教师学生的区隔、男生女生的区隔。③

---

① 单南平：《校园环境的教育功能》，http：//www.chinatvet.com/Tvet_ articles_ show.asp? module=dyyd&filename=dyyd029。

② 凯瑟琳·波克等著、祝莉丽等译：《我喜欢的学校——通过孩子们的心声反思当今教育》，中国轻工业出版社，2006年版，第17页。

③ 有研究发现，男女教师在学校空间的使用上也存在差别（参见石艳：《学校空间与不平等性别关系的再生产》，《当代教育科学》2007年第15期）。本研究未对此作专门调研，儿童作品中也未浮现此主题，故不对此问题进行讨论。

1. 校内校外的区隔

作为专门的教育机构，学校具有独特的空间形式。在物质层面上，学校空间由操场、教室、走廊等建筑及其所依附的自然环境所组成。学校围墙作为物理边界，把学校空间从田野、街道等自然或社会环境的背景中隔离出来。这一点在绘画中表现得最明显，很多画中都是把学校圈在一个图形里（如圆形、三角形、甚至章鱼形）。孩子们用这种无声的语言描述了他们现实生活中所见到的校园内外界限分明的现象。图18是最典型的作品。在这幅画中，小作者不仅仔细描绘了围墙的样式（并标注了"围墙"两字），还不忘画上紧闭的校门。

本文第三章讨论过上学的意涵。对儿童而言，上学首先意味着对家的离开。校园内外空间的区隔，以围墙和校门为具体形式强化了"学校"、"家"对于儿童的不同含义，更进一步把"学校"从"社会"中抽离出来（或称"脱域化"），以凸显"学校"的价值和地位。儿童对此有何反应呢？从收集到的作品来看，经过学校的不断"教化"（即强调校内校外的行为规范）和"控制"（如限制学生出校门），这一区隔已在儿童心里留下深刻烙印，变成了理所当然的"道理"，具有了一定合法性。下列作品均反映了将学校与周围环境隔开的愿望，以便排除干扰，维持校园的秩序和安全。

我理想中的学校应是远离闹市，环境良好的学校。

——13125（熊富勋，男，14岁，八）

我希望校方能给每个在校学生发个出入证，以免一些社会上的人进来扰乱，治安方面也要注意，这对一个学校的校风起很大作用，学校附近尽量禁止车鸣，为我们的校园打造一个更美好的环境。 ——13142（林敬涵，八）

学校大门管理不严，在中午有许多人同搭伙①的一起混出去玩，有时下午还有别的学校的人进来了，打扰学校秩序。大门应严加管理。

——13153（鲜孜灿，14岁，八）

---

① "搭伙"即中午不回家，而在学校附近某一家搭伙吃饭的学生。该校中午仅允许搭伙的学生出校门。

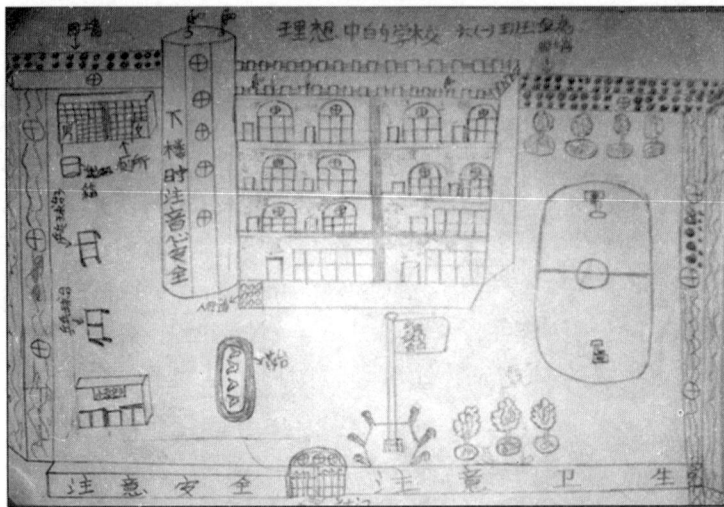

图 18   理想中的学校，王海亮（G 小学，六）

我希望有一所在空中的学校，去上学都是坐直升机上去的。因为学校在空中，所以不能受到外界的干扰，而且学习起来感觉很舒服。放学时有直升机来接，可以把每个人直接送回家，很安全。

——13040（康清虎，男，14 岁，八）

2. 教师学生的区隔

作为生活在学校中的主要人员，教师和学生在学校中各有其活动领域。一般来说，教室是师生教学活动的场所，宿舍是学生休息的场所，办公室是教师工作的场所，对不同场所属于谁的判断总是与该场所的用途联系在一起。而图19①却在教学楼一楼和三楼分别设计了"学生吃饭部"和"老师吃饭部"两个场所。同样是吃饭的活动，为什么要区分出"老师的地方"和"学生的地方"两个场所呢？

我认为，儿童作品中对教师与学生活动领域的分别呈现是现实中师生空间区隔的写照。更值得注意的是，学校中有教师的专属区域（如教师会议室、教师休息室、停车场等），却没有专门为学生设计、完全将教师排除在外的场

---

① 并不是只有这一幅作品反映了该问题，还有三四幅作品也分别画出了教师的食堂和学生的食堂，以及教师的厕所和学生的厕所。

所。并且，教师可以通过各种手段（如时间的控制、检查的名义）随意进入学生活动的场所，或者将其占为己有。从这个意义上，甚至可以说，学校中并不存在所谓的"学生空间"。教师通过将学生排除出特定区域并剥夺其私人空间，强化了学生的身份意识，以及对"在什么场合干什么事"这一基本原则的认同，实现对学生的身体规训和控制。

图 19   我心中的校园，罗润（女，Q 小学，四）

3. 男生女生的区隔

学生内部也存在明显的区隔现象：不同年级、不同班的学生彼此隔离；不同家庭背景的学生也倾向于形成不同亲疏远近的团体。而本次在儿童作品中反映比较突出的，是男生女生在学校空间使用上的区隔。例如，图 20 设计了两套一模一样的寝室和游泳池，分别给男生和女生使用，并用花坛彻底将男生和女生的活动范围分隔开。而图 21 中男生在打乒乓球，女生却无所事事地在一旁观看——此时男女学生虽同处一个空间，其空间体验却是截然不同的。

事实上，对学校空间的性别分析是近年来方兴未艾的一个主题。郑新蓉指出，"学校体育活动往往排斥女生参加"[①]。石艳认为，在学校空间中，男教师和男学生使用男权制的规则和资源控制了女性，并从此获得更多的教育资源和

----

① 郑新蓉：《性别与教育》，教育科学出版社，2005 年版，第 168 页。

教育机会。因此，作为再生产不平等性别关系资源的学校空间变成了建构性别差异的场所。[①] 苏尚峰通过田野调查发现，学校运动场上基本上是男生的天下，"男生要强壮、擅长运动，女孩子要温柔、顺从"的传统性别刻板印象更强化了男生在学校空间分配上的优势。[②]

图20　我心目中的学校——住宿学校，无署名

图21　我心中的校园，李义升（男，12岁，G小学）

---

① 参见石艳：《学校空间与不平等性别关系的再生产》，《当代教育科学》2007年第15期。

② 参见苏尚峰：《学校空间性研究》，北京师范大学博士学位论文，2006年。

总之，学校空间的"区隔化"特征通过或明（如围墙）或暗（如行为规范）的界限把校内校外、教师学生、男生女生分配到不同的场所和领域，并借此实现学校的教育功能。

四、学校空间的教育意义

学校空间是教育活动赖以发生的物质性基础，是必备的物质条件以及学校环境中各种共存性关系的总和，包括学校内的设备、设施（即所谓的"办学硬件条件"）以及学校中物与物、物与人、人与人之间的关系。① 作为教育活动、教育现象、教育问题的发生场地，学校空间一直是教育研究无法回避的对象。李清悚在我国第一本学校建筑研究专著开篇第一句话就写道："校舍是学校物质的环境，是教育观念的产物。"② 汉宾德也说："学校建筑在形态与计划方面，处处可以反映教育精神，所以学校建筑就是教育精神的象征。"③ 丘吉尔亦说过，"人创造空间，空间亦可以创造人。"④ 可见，学校空间不仅是设计者教育观念的反映，也型塑着身处其中的人。探索学校空间的教育意义，其基本前提就是认识到学校空间的社会建构性，并把其中的人看成能动的主体。在这个意义上，考察儿童作品中对学校空间的设计和描述，就是把儿童看成学校空间的积极建构者。

本研究为了解儿童对学校空间的看法提供了机会。儿童作品中有关学校空间的看法可以从两个层面来论述：一个是写实的层面，真实记录其在校园环境的生活体验，针对学校建设的现实问题进行讨论；另一个是想象的层面，通过对理想学校的校园环境的介绍，反映其对校园环境的设计理念。不管孩子们采用那种路线，都表现出了对空间环境的超凡理解力和知识，呈现出丰富多彩的对学校形象的"空间性想象"。⑤

遵循上述论述方式，对儿童的"空间性想象"的意涵也可以从两个层面

---

① 参见苏尚峰：《学校空间性研究》，北京师范大学博士学位论文，2006年。
② 李清悚：《学校之建筑与设备》，商务印书馆，1933年版，第21页。转引自苏尚峰：《学校空间性研究》，北京师范大学博士学位论文，2006年。
③ 汉宾德：《教育精神之象征》，台北商务，1980年版，第29页。转引自苏尚峰：《学校空间性研究》，北京师范大学博士学位论文，2006年。
④ 同上书。
⑤ 凯瑟琳·波克等著、祝莉丽等译：《我喜欢的学校——通过孩子们的心声反思当今教育》，中国轻工业出版社，2006年版，第19页。

来理解。在现实层面，孩子们用大量的文字和图画描绘了他们心中理想学校的蓝图——美丽、先进、舒适、健康、安全的学校。儿童的看法与他们的生活经验密不可分，孩子们对于改进学校环境的建议在一定程度上反映了他们所在学校的实际问题。因此，孩子们的建议可以作为学校进一步改善办学条件的参考。然而，在现实生活中，学校建筑并没有充分考虑到使用者的意见，对学校的硬件条件，儿童更没有发言权。在校园建设方面，学校管理者更多考虑的是自身资源条件和相关建设标准，依照的是经济原则。比起效率来，美观和舒适似乎变得不那么重要了。所以我们可以看到，从南到北、从东到西，我国中小学校的校舍外形几乎没太大差别。① 如何照顾到儿童的喜好和需求，对学校空间进行改造，创造多样化的校园环境②是值得研究的问题。此外，从儿童作品中反映的现实学校空间的"区隔化"特征也是进一步思考学校教育的价值、师生关系和性别关系的重要议题，值得关注。

在更形而上的层面，儿童的这种"空间性想象"是帮助我们理解儿童思维的重要方式。苏霍姆林斯基认为，"孩子用形象思维"，"只有当感知和思考对象是可以看见、听见和可以触摸到的形象时，才能正常工作……我千百次地证实，儿童在给周围世界增添各种幻想形象、虚构这些形象的时候不仅能发现美，而且还能发现真理"。③ 可见，校园也是重要的课程资源，其重要性不仅体现在对儿童情绪、心理的熏陶、调节上，还可作为儿童认识世界的载体，是儿童的"认知课程"。如此，儿童探索学校空间的过程就是探索世界的过程，儿童对学校空间进行自由设计和想象也是认识世界、获得成长的过程。所以，让我们都来关注儿童在学校空间的生活轨迹和体验。美国曾发起一场"绿色生活地图"的环保行动，通过组织居民观察并标注当地的绿色生活资源，绘制自己小区的绿色生活地图，促进其对环境变迁和绿色生活方式的关注和实践。我们何不也来绘制儿童的"校园生活地图"呢？让孩子们通过观察学校的一草一木，观察学校的同学和教师，标示校园中对他有意义的地方，学习有关世界上的人、物、事的知识。

探索世界，从校园做起！

---

① 我曾在台湾台中市参观过一所学校。这所学校的教学楼像童话中的城堡一样，教学楼和操场都涂上淡淡的橘黄色，非常漂亮。该校校长在向我作介绍时也提到该校学生很喜欢学校的建筑。

② 台湾九一二地震后在学校重建活动中涌现出了很多创新的校园设计，对于改革现有学校的单调形式很有启发性。

③ 苏霍姆林斯基著、唐其慈等译：《把整个心灵献给孩子》，天津人民出版社，1981年版，第33页。

第五章

我眼中的你、我、他/她

> 教育是人和人心灵上的最微妙的互相接触。
>
> ——苏霍姆林斯基①

学校为儿童提供了一个人际交往的场所。本章将带领大家走进儿童眼中的交往世界，看一看，儿童眼中的学生是什么样子、教师是什么样子、他们期待的与同伴及教师的关系是怎样的。

一、我眼中的学生形象

较多作品讨论了儿童心目中的学生形象。② 综合起来，儿童眼中的学生形象主要有四个标识：守纪律、爱学习、团结同学、不断成长。

1. 守纪律

较多作品把"守纪律"作为学生在学校的基本行为规范。例如：

我心目中的学校，充满了文明语言，每个人都能以严格的要求来执行，化被动为主动，在欢声笑语中快乐学习，健康成长。

——13022（李乃东，男，14 岁，八）

学生：文明，不讲脏话，说普通话。上课不讲小话。不染发、烫发、不化妆，女生不穿高跟鞋。

——13183（廖雪，女，七）

---

① 转引自《教育研究》1983 年第 8 期。

② 有趣的是，对学生形象的讨论更多集中在中学生的作品中。

在课堂上，同学们都听得很认真，每天老师布置的作业都是按时完成的。
——13194（罗民航，男，14 岁，七）

这里只有遵守秩序的同学，没有追逐打闹的场面。
——12270（曹道星，女，14 岁，六）

我觉得在这样的教室里应该有一些守纪律的同学，因为这样可以有一个很好的环境来学习。
——24002（汪子键，男，七）

学校是我们生活的地方，所以要求我们遵守纪律来维护这个家。守纪律是我们必行的根本。
——24029（丁旭东，男，八）

为了让我们每一届的每一级的每一班的每一位学生更加健康，快乐地生活和成长，学校为我们制定了校规，别的不好说，就这点，我还是很有自信的，我从不会去违反校规。自身的感觉认为做一名学生，理应遵守纪律，认真完成作业，尊敬老师。
——24027（刘天舒，女，八）

上述关于"守纪律"的论述涉及文明习惯、课堂秩序、日常行为等方面，并且，守纪律有助于营造良好的校园环境、帮助学生健康成长。学校通过制定规范，并要求学生遵守纪律，对学生在学校各个空间（如教室、操场）和时间段（如课上课下）的活动进行管理。特别地，学校纪律重在培养学生自我管理的能力。这一观点可从一些学生对自己遵守纪律的行为分析中看出来，例如：

学校有严格的学校纪律，同学们严格要求自己。
——13196（庞薇，女，13 岁，七）

我知道没有人可以做到满分，但我相信我及格是没有问题的。我知道我不够好，有时会顶嘴，不听话，但我相信我会改的。
——24027（刘天舒，女，八）

　　我在校内不骑车、不打架，老师留的作业认真完成，尊敬老师，不与老师争吵，上课认真听讲，上自习课一言不发，像是老师在一样，在课上老师在与不在时都应该安安静静。　　　　　　　　　　——24024（朱金侠，女，八）

　　这些作品中"同学们严格要求自己"、"听话"、"老师在与不在时都一样"等关于遵守行为规范的内容，显示了学校纪律对学生的权威性。福柯认为，"纪律确立了一种'内部处罚'"。"纪律也带有一种特殊的惩罚方式。它不仅仅是一个小型法庭模式。规训处罚所特有的一个惩罚理由是不规范，即不符合准则，偏离准则。整个边际模糊的不规范领域都属于惩罚之列：士兵未达到要求便犯了'错误'；学生的'错误'不仅仅包括轻微的违纪，而且包括未能完成功课"。① 对违纪行为进行"处罚"是纪律的权威性得以确立的重要原因。出于对处罚的恐惧，孩子们努力完成学校的纪律要求，不仅如此，还对他人的违纪行为进行监督。例如：

　　校园本来是很清洁的，可是有些小同学还是要在学校里乱丢，我希望能有很多卫生小队员，这样，那些同学就不再乱丢了，这个校园就会更加美好，同学们玩起来就更加快乐，还有同学们应该保护好学校的公共设施。不要动不动就把那些公物损坏。　　　　　　　　　　——12281（李红梅，女，12岁，六）

　　学校再也没有迟到或早退的学生。　　　　　　——13029（王烽娇，八）

　　我希望同学们上课不讲与课堂无关的话且各个都认认真真地学习，下课则痛痛快快地玩。我希望学生们各个都懂礼貌，讲文明。打架、吵架这类现象争取没有。　　　　　　　　　　　　　　——13025（王赛挺，男，14岁，八）

　　可见，孩子们眼中"守纪律"的好学生不仅自我控制力强、自我管理好，还要积极维护正常秩序，进一步巩固学校纪律的权威性。对学生进行纪律方面的控制与要求实际上反映了社会、经济和政治对教育的要求。因此，通过纪律对学生身体进行"规训"，其目的是让儿童尽快具备成人的"型格"——即通过告诉儿童"什么时间在什么地方应该干什么事"，从而使儿童在外在的行为

---

　　①　转引自谢妮：《学校日常生活中的身体》，北京师范大学博士学位论文，2006年。

表现上"像个成人"。守纪律的意义正在于此。

2. 爱学习

在这方面，孩子们认为，他们心目中的学生不仅要有良好的学习习惯，还要有优秀的学习成绩。有作品认为，学习成绩好的学生是全体学生的榜样。例如：

我心中的理想学校应该拥有一批善于探索具有良好习惯的学生。

——13006（谭天宠民，男，14岁，八）

学生：学生成绩好。　　　　　　　　　　　　——13183（廖雪，女，七）

生：学习非常好，高素质。　　　　　　　　——13197（姚雪芹，七）

我爱学校的光荣榜，那是我们学校的一块宝地，上面有很多金子，很多优秀学生，每次考完之后，人人的眼睛都盯向那里。

——13141（李巧，女，15岁，八）

在我国近三十年来①的实践中，由于对知识教育的不断强调，使得"学习成绩"逐渐变成评价学生的主要、甚至唯一标准，变成了"学生的命根"。近年来，这种片面强调学习成绩的做法对学生全面发展的危害越来越受到广泛的批判，改变成绩为主的评价标准，进行多元化的评价是我国正在进行的基础教育课程改革的重要内容。但在现实中，这些改革举步维艰，应试教育的影响仍然深远，"学习成绩好"仍然是很多学校评价学生的重要标准。从儿童作品来看，这也是很多学生的共识。

万作芳认为，成绩是作为未成年者的学生对人类文化知识掌握情况的反映，是知识是否有效传递的重要标志，是传承人类文明的必要手段。② 所以，不论是发达国家还是发展中国家都不约而同地把学习成绩作为衡量学生的主要

---

① 自文革后开始计算。
② 参见万作芳：《关于好学生特征的研究——"谁是好学生"研究之一》，《内蒙古师范大学学报（教育科学版）》2008年第10期。

标准。在现实中，老师们在要求学生取得良好学习成绩的时候都强调个人因素，如个人的能力和努力程度。对学生个人努力的强调甚至超过了对个人能力的强调，我们常常可以听见老师们在课上对学生强调"笨鸟先飞"、"勤能补拙"。因而在很多孩子心中，聪明、勤奋就一定能够取得好成绩，或者"我不聪明，但我只要努力，就一定能够取得好成绩"。然而，很多社会学研究发现，优秀学习成绩的取得不仅与学生学习能力有关，还受到学生的家庭背景等社会经济因素的影响①，甚至有学者认为社会因素的影响是更主要的，教育的作用就是再生产不平等的社会关系。社会因素对学习成绩的影响亦促使我们反思片面追求学习成绩的做法的不公平性。同时，由于有关社会因素对学生成绩的讨论现在几乎只限于教育学界，维护了学校作为"公平竞争"之地的合法性，巩固了学校教育的意义和存在价值。

3. 团结同学

儿童处于班级中，必然要与其他同学交往，建立关系。因此，与同学的关系也是孩子们心中的学生形象必须要处理的。在儿童作品中普遍提到了要建立和谐、友好的同学关系，建设有爱心的、团结向上的班级。例如：

学生都能和平相处，在校园里，做一名好学生。

——13150（谢圆，女，14岁，八）

同学之间互相友爱。 ——13181（汪珊，女，14岁，七）

生：有班级，集体责任感，处处为他人着想。 ——13197（姚雪芹，七）

我心目中的学校就是当我第一天走进学校的时候，那些同学们都很热情地欢迎我到他们学校里去读书。……到了新学校可以和同学们互相学习、互相帮助。

——12266（谢发丽，女，12岁）

---

① 例如，伯恩斯坦对中产阶级和劳工阶级子女的语言学习进行研究发现，由于中产阶级子女平时在家庭中使用的语言与学校教育使用的语言具有一致性，使得其在校的语言学习较劳工阶级的子女容易，故成绩更好。

我理想中的同学是一个能为班集体着想，关心他人，在同学有困难时，要一起克服困难的一个人。我理想中的班级是一个由十几人组成的，其中女生要比男生多，而且这个班级还是一个团结、勇敢去面对困难的集体。我理想中的学校是一个有着很好的学习气氛，而且这里的同学都很文明，懂礼貌。

　　　　　　　　　　　　　　　　　　——24014（蒋思宇，女，七）

本次征文征画活动中唯一的手工作品也表达了建立和谐、友爱的同学关系的愿望：

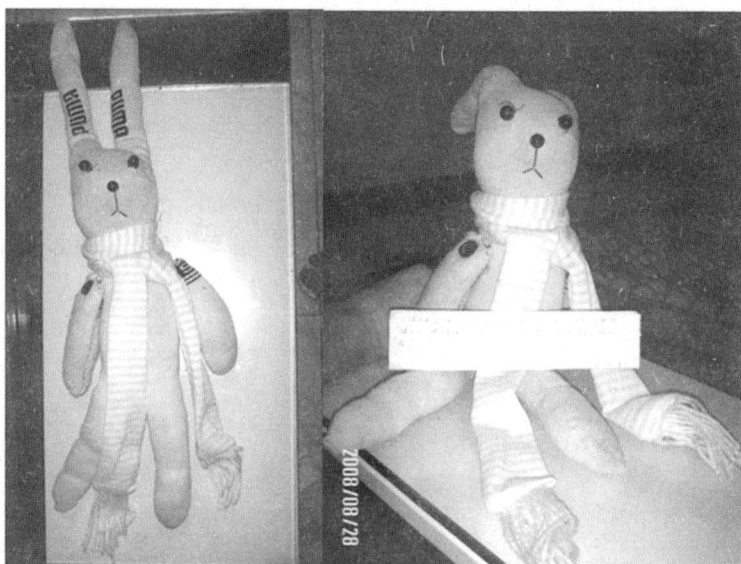

图22　手工作品，张娟（女，14岁，W中学，七）

【图22文字说明】：兔子象征的是和谐、活泼、可爱，而我心目中的校园便是大家都能像兔子一样可爱纯洁、没有那些不必要的争吵！每天每天都和睦地在一起。

为了建设这样的和谐集体，孩子们反感的行为主要有学生间的欺负、偏见、妒忌和打闹行为。例如：

在校园里没有欺负小学生的学生。　　　　——12228（张国庆，男，10岁）

学生之间没有歧视，没有偏见。　　　　　　——13041（朱戴远，八）

生：不嫉妒，不伤害他人。　　　　　　　　——13197（姚雪芹，七）

我希望理想中的学校是那种没有人世险恶，没有打架，没有骂人，没有偷东西的学校。　　　　　　　　　　　　——13039（刘梦园，八）

2005 年，中国青少年研究中心"中国青少年学习和生活现状"调查发现，学校对中学生人际交往的影响居于首位，极大领先于家庭、互联网等方面。对"你更愿意听谁的意见"的回答，中学生的选择依次是"朋友、同学"（53.0%）、"父母"（25.0%）、"其他"（10.8%）和"班主任"（7.2%）。[1]可见，学校中的同伴关系对学生的发展有重要影响。

"同伴关系"是年龄相同或相近的儿童间的一种共同活动并相互协作的关系，主要指同龄人间或心理发展水平相当的个体间在交往过程中建立和发展起来的一种人际关系。[2] 发展心理学的研究表明：同伴关系有利于儿童社会价值的获得、社会能力的培养以及认知和健康人格的发展，在儿童生活中，尤其是在儿童个性和社会化发展中起着成人无法取代的独特作用。特别地，同伴关系是儿童特殊的信息渠道和参照框架，儿童可以从同伴那里得到一些不便或不能从成人那里得到的知识或信息。[3] 我国的中学生（包括初中和高中）一般年龄在 12、13 到 18、19 岁之间，正处于个体心理发展的"断乳期"——"青春期"。在这个由儿童向成人过渡的特定时期，学生个体不仅会经历生理、心理和智力的重大发展，在社会关系上也会呈现出全新的人际交往模式，即逐渐疏远与父母的交往而将感情的重心偏向于关系密切的朋友、同伴，对归属于特定的同伴群体有强烈需求，对同伴文化的遵从明显增加。这就是儿童普遍希望有一个良好的班集体的主要原因。

4. 不断成长

儿童心目中的学生形象还是不断成长、发展、变化的。这一点在 G 小学

① 中国青少年研究中心：《中国未成年人数据手册》，科学出版社，2008 年版，第 53 页。
② 张文新：《儿童社会性发展》，北京师范大学出版社，1999 年版。
③ 林崇德：《发展心理学》，人民教育出版社，1995 年版。

二年级赵俊婕的作品（图19）中表现得最为明显。她很仔细地画出了教学楼中的活动人员，从一层到四层依次是幼儿班、办公室、一年级教室、二年级教室。[1] 值得注意的是，她根据各个年龄的儿童特点（最直观的就是个子大小）描绘了三个年级的学生形象，非常生动。该作品显示了作者对于儿童生理发展的细致观察，还有些作品则针对儿童其他方面的发展发表了看法。例如：

图23　赵俊婕（女，G小学，二）

校园里每一位同学心中都有一个远大的目标，坚持不懈地为理想奋斗，不浪费宝贵的时间，不去做没有意义的事。在学习中享受学习的乐趣，在玩耍中享受游戏的乐趣，这不仅是求知的满足，也是精神上的富足。即使遇到挫折，也乐观面对，开心地生活每一天。

——13044（方钟幸子，女，14岁，八）

力争德智体美劳全面发展的学生，掌握为人民服务的本领。掌握更多科学知识，报效祖国，振兴中华。　　　　　　——24031（刘行，男，八）

上面两个作品向我们展现了一种努力实现理想的学生形象。细读这两段文字，其中对于"理想、目标"的表述都与学习相关（如"在学习中享受学习的乐趣"、"掌握更多科学知识"），特别是13044号作品中太过懂事的说法（为实现理想"不浪费宝贵的时间，不去做没有意义的事"），24031号作品喊口号一般的表述（"报效祖国，振兴中华"），让我们不禁心生疑问——这是孩子们的真心话吗？

我国从事大众传媒与青少年研究的学者卜卫曾多次谈到这样一件事情：她

———————————————

① 我们通过实地观察发现，图23中各个年级的位置安排是以实际情况为参照的。

曾参加《实话实说》栏目一期关于动画片的节目，当主持人问儿童为什么喜欢看动画片时，现场许多中学生、小学生和幼儿园的孩子一齐拉长声音说："为—了—受—教—育。"她说，"当看动画片不是为了娱乐而是为了'受教育'，我怀疑他们是否还会说自己的话。"这种情况并不独特，如上述材料一样，我们常常可以看到很多孩子一套一套地讲着些连成人都不相信的"大道理"。著名儿童教育专家孙云晓把这种现象称做"集体失语"，并尖锐地指出，中国儿童已经患上了"集体失语症"。[1]

为什么孩子不会说自己的话了？这与长期以来学校教育中对儿童的灌输和控制有关。我国传统的教育实践中，很少将儿童作为有独立价值的对象来看待，很少给儿童说出自己想说的话的机会，更别提参与学校教育活动的设计和实施了。相反，传统学校教育更倾向于将儿童视做知识的"容器"、思维的"白板"，强调儿童要"听老师的话"，按照教师的要求行动，按照教师的思路来思考。单一、狭隘的学生评价方式更起到了推波助澜的作用，儿童为了获得奖赏或避免批评和惩罚，往往会去揣测教师的喜好——"老师爱听什么，不爱听什么"，从而总结出"什么该说，什么不该说"。于是，虚假表达取代了真实的想法，我们"越来越难听到儿童真正的声音，大人也不知道孩子们还会有什么自己的想法，孩子们的感受、经验和意愿被大大忽略了。他们可能会成为大人喜欢的孩子，但却永远失去了自己"[2]。

与上述两个作品不同，12272号作品没有豪言壮语、万丈激情，只有一种尽心努力、知足淡定的平实。而恰恰是这种平实，让我们信服，并为她的坦白和追求深深感动。她是这样说的：

我希望我在每一所学校里，都能展现自己，不求才华，但求自己平安，不去为了财力而失去友谊。不希望才华出众，但求友谊长存，不去高攀。在这一所学校里，我学到了不少的知识。我相信每一个人都有美好的童年。只要上课听讲，没有什么作业做不到。知识就是力量，只要相信自己才能成功。

——12272（李双，女，13岁，六）

---

[1] 参见卜卫：《成长的权利》，《中国青年报》2009年9月6日。
[2] 同上。

二、特别话题：我的校服谁做主？

我国自 20 世纪 90 年代开始中小学生统一着装工作。现在，很多学校都有了自己的校服。本研究调查的四所学校中，Q 小学无校服；G 小学和 W 中学有校服，但未要求每天穿着；Z 中学有校服，学校只要求周一穿着，但参与本次征文征画活动的两个班级均要求每天穿着。三所中学的校服均为运动服样式，Z 中学的校服有冬夏之分。

"校服"是孩子们讨论的热点话题。从本次征文征画活动的作品来看，除了有一个作品表示对现有校服感到满意①，其他所有涉及到"校服"这一话题的作品均提出了改革校服的主张②。总的说来，孩子们希望穿上自己喜欢的校服，这种校服应该是好看、时髦、舒适（针对不同温度及用途有不同设计）的。例如：

学生们都穿着自己喜爱的校服。　　——13195（涂小倩，女，14 岁，七）

学校的校服要有新意，不能太老土。　——13007（田晔，女，14 岁，八）

由于校服的厚度，到夏天穿着校服会很热，让学生们很不愿穿它，所以我建议它有冬夏之分，夏天应该穿比较单薄的棉质的校服，这样可以使在上体育课后汗液可以被吸取。　　　　　　　　　——13169（幸银萍，八）

校服一年四季就一套，冬天太薄，夏天太厚，一年四季中两季别扭。而且校服很肥，没什么安全感。日本的品立一中校服就很好（运动版），虽也是运动服，但是 T–Shirt 和透气的布裤，冬天和春秋一共是三套，（运动版只是上体育课穿的），但比中国的好。不透气，稍微有点热就湿了，很容易长痱子。希望校服布料用透气的。　　　　　　——13140（张顺钰，女，14 岁）

---

①　（现在的）校服设计得很阳光，也很满意。——13128（黎济民，男，15 岁，八）
②　还有一个特例是 Q 小学的一个作品，因为该校并没有校服，所以有学生提出了希望有校服的愿望。如：我希望学校有校服！——11034（罗金荣，女，9 岁）

我心中的学校——/我想，它是一个充满色彩，充满时尚的天堂

我们可以拥有不同的校服/颜色是不同的/样式是不同的/在这色彩斑斓的日子里/感受我们的遥远清纯　　　　　　　——13037（田甜，女，八）

上述作品关注的是穿着校服时的具体感受。从孩子们这么多的意见来看，现实中的校服确实有不少需要改进的地方。而下面的一些作品虽然也是针对校服发表的意见，但更注重通过穿着校服呈现的学生形象。由此，我们可以看出这些孩子对教育和学生的一些看法。孩子们的看法有两个突出特点，一是强调校服要有男女之分，二是要求亲自设计校服。这两个特点分别引发了对校服的性别含义和教育意义的分析。

1. 校服的性别含义

心理学研究认为，个体的性别意识是随着年龄增长不断发展的。特别是到了中学时期，同伴互动中的"性别对立"现象逐渐消失，中学生的性别意识明显增强。相应地，很多作品都要求校服应男女有别，并设计了"男生穿裤子、女生穿裙子"的校服样式。例如：

学校的校服要美观，男女生校服要有区别。

　　　　　　　——13187（陈密，女，14岁）

但是我们学校的校服是最不好的，不仅没有男女之分，更没有冬夏之分。我建议学校可以把校服修改一下，夏天女孩的校服可以是 T 恤配休闲裤或短裤，男孩的则是 T 恤配休闲裤，而冬天则是男女可以统一的，让我们一起行动起来！

　　　　　　　——13170（彭芳，八）

学校中有非常好看的校服，校服不是运动服，而是松弛轻松的校服。女生可上衣衬衣打个领带，下面穿一条裙子；男生上衣同款衬衣领带，下面穿一条不是运动服的裤子。　　　　　——13192（吴东山，男，13岁，七）

这种对男生、女生校服样式的设计是"男生应该阳刚、运动，女生应该温柔、娴静"的性别刻板印象的反映。在一些作品中，这种性别刻板印象相

当明显。例如：

> 当然，我所描绘的全是外表的美，而最重要的还是内在美。不管在哪里，言行举止文雅大方，谦虚有礼，才是一个有教养的人。男生要有男生的绅士，女生要懂得矜持。但也并不能少了活泼开朗，热情大方的一面。
>
> ——13044（方钟幸子，女，14 岁，八）

郑新蓉认为，家庭、学校教育、社会劳动和职业分工、大众传媒以及同龄人群体等社会性因素对儿童的性别形成均有较大影响。就学校教育来说，在我国传统性别文化影响仍然较深的背景下，中小学现有的课程设置及教材、教育教学活动、学校的组织和管理以及教师的期望和指导常常在经意不经意间通过强调"男生要有男生样，女生要有女生样"传递了传统性别文化中对男女两性的刻板观念。[①] 要说明的是，这里并不是要对孩子们提出的男女有别的校服样式进行批判——实际上，这种根据学生特点设计校服的做法比千篇一律的校服样式强多了。这里只是对作品中反复出现的将特定性别与特定服饰联系在一起的观点进行了分析。正如性别平等教育的目标不能矫枉过正、重女轻男一样，这里强调的校服设计理念是考虑到学生的具体特征和特殊需求——包含性别带来的特殊需求，但绝不仅仅如此。

2. 校服的教育意义

对校服的教育意义，从规定统一着装之时即有争论。支持统一穿着校服的观点认为，校服有助于减少学生家庭经济背景的负面影响、增强学生的集体荣誉感、加强学校常规管理，有利于全社会对学生身心健康的保护与监督等。反对统一穿着校服的观点则认为，校服偏重学校管理的便利，容易导致学校管理的简单化取向；校服过分强调集体精神容易造成学生个性的缺失；必须穿校服的规定反映了校服文化的"非人性化"。[②] 这些争论多是从学校管理的效果、教育目的的实现来谈的，很少有人关注实际穿着校服的孩子的感受。那么，孩

---

① 应该指出的是，建国后由于强调男女平等的基本国策，我国广大教师在对男女平等的认识上还是有很大进步的。但这种认识难以转化成实际的行动，特别是目前对男女平等的理解多局限在男女入学率的平等上，所以很多教师在日常教育教学工作中，往往对男女生有着相对固定的角色期待，从而不自觉地对男女生区别对待。这种方式其实是有悖于男女平等的真意的。

② 参见陈玉华、李雁冰：《校服：一种习惯化的非教育元素》，《上海教育科研》2009 年第 3 期。

子们对校服的功能、意义有何看法呢?

本次征文征画活动中,有多部作品对他们理想的校服进行了设计。例如,图24是W中学的一位学生设计的男女生校服。她收集了日本、韩国、台湾等国家和地区的学生校服,根据自己对校服的理解,并综合考虑家长、教师的接受程度,设计了这样一套校服:

图24 校服改革感想,何妮妮(女,W中学,七)

【图24文字说明】:

左上:日本动漫中的校服,很唯美,日本的校服也与此类似。若中国校服有望改革,不妨试试这套,显得充满了青春与活力。

左下:卡通版的台湾女子校服,给人一种淘气,却不失学生风格的青春形象。

右上:男生的校服,充满了贵族风格,华丽却不失庄重,很有绅士风格,不妨试试,正好可以改变现实中学生那种夸张的非主流服饰的妆容。

右下:最普遍的台湾和日本学生校服青绿加白色,类似于水手的服装。

中下:自己画的校服,有一部分着装来自于书中,这套男女生校服接近于休闲服和运动服之间,我想应该最能被家长和学生、老师接受。毕竟没有太过分。女生是衬衣+短裤+长裙,男生衬衣+短裤+长裤,不失学生的朝气蓬勃的形象,同时也自然休闲。

背面:校服改革感想——在网上调查了半天才发现,许多学生不满意如今的校服，将其戏称为"面口袋"，然而中国校服的改革最大的阻碍却来源于学生家长，他们害怕会引起学生"早恋"，不过依我个人认为，校服改革后反而会增加学生的学习注意力。初中生进入了发育时期，心理产生变化，在对着装和外貌上越发重视，整天都只想穿出新意来。然而校服改革，全校统一穿校服上学，却可以分散学生对装扮的注意力，集中在学习上。学生们喜欢改革后的校服，而学校也要求统一着装，学生们何乐而不为呢？　　注：仅为个人意见

　　图 24 中设计的理想校服样式是服务于作者心目中"朝气蓬勃、自然休闲"的理想学生形象的。图后的"校服改革感想"集中地对校服的作用进行了讨论。在图 24 的作者看来，家长是校服的主要支持者，他们赞同学生穿校服的理由是为了防止学生早恋，而她自己看来，穿校服可以分散学生对装扮的注意力，从而使学生更专心于学习。小作者没有谈到学校老师对校服的意见，可能与该校并未规定每天穿着校服有关。与研究者从管理、规训的角度来讨论校服的意涵①相比，孩子的看法聚焦于更直观的层面，仅把校服看做穿着打扮的问题。而儿童作品中反映出来的家长和学生的不同看法有着一个共同的基础，那就是源于对是否影响学习的考虑。如此一来，校服问题也转化成了一个学习问题。阎光才的研究也指向了类似的结论。他认为，我国中小学校服千篇一律的运动服设计具有明显的形式化倾向，并与课堂、班级管理的刻板和僵硬，以及教学过程的程序化和秩序化相互映衬，暗喻了学校教育的异化——即教育与人本身不是目的，而作为手段和工具的知识和分数才是唯一的目标追求。

　　现实中大部分中小学的校服都是由学校教师决定的，本研究调查的三所学校也是如此。本次征文征画活动中有很多作品提出了让学生设计校服的要求。例如：

　　学校的校服可以让同学们自己制定，让学生有一个自我发挥的舞台。

　　　　　　　　　　　　　　　　　　——13012（徐歆轶，女，14 岁，八）

---

　　① 阎光才认为，我国中小学校服大多被设计成运动装。运动装本来的特点是随意、灵活和自由，但不分场合的千篇一律的要求，却带来了服装本身意义的模糊和功能的畸变。因此，校服的意义变成了仅仅为了统一和规范，强调的是适合于终年穿着、更换方便的实用性。参见阎光才：《校服的一种文化诠释》，《教育科学研究》2005 年第 3 期。

我希望我们的校服可以让同学们自己设计，这样学生们便会很乐意穿上校服。

——13130（石雨寒，女，14岁）

学校的校服不再是由学校做主，而是同学们自己设计，自己选择。一改往日传统的风格，设计出中学生们喜欢的款式。 ——13031（李沁蔚，八）

在这一时代的青少年爱追求新鲜事物，所以学校会调动大家的积极性，让同学自己设计校服，这样利于大家更爱学校。 ——13122（李晓，女，14岁）

这些作品之所以提出让学生参与设计校服的要求，其理由在于"让学生有一个自我发挥的舞台"，通过学生自己设计，让他们"喜欢"并"乐意穿上校服"、从而"更爱学校"。可见，在孩子们眼中，参与设计校服有助于展现个性，增强对学校的认同感。阎光才认为，对校服设计过程中不同主体的参与、选择权的考察具有一种"揭示"作用，有助于了解日常教育生活中各种权力运作的轨迹，进而透视教育的公平与民主等"宏大"议题。① 事实上，《联合国儿童权利公约》早已明确规定，儿童有权参与对涉及到他们的事务的决策过程。儿童作品中反复出现的对设计校服的要求是儿童参与意识的体现，是实现儿童权利的重要基础。

然而，在现实中，让学生通过正规途径②参与校服的设计和选择尚未成为现实。但这并不意味着在关于校服的问题上，学生是完全被动的。有作品提出不要天天穿校服的愿望③，还有作品提出教师也要统一服装④。我们在Z中学的田野调查中多次发现在校服背后涂鸦的例子（图25）。我们认为，这些例子是儿童能动性的体现，可被视做儿童对以校服为表征的统一的、制度化学校生活的一种反叛。

---

① 参见阎光才：《校服的一种文化诠释》，《教育科学研究》2005年第3期。
② 正规途径是指学生参与校服的设计、选择变成学校的一种制度化、经常化行为。学校管理者一时兴起咨询几个学生关于校服的意见不属于此列。
③ 上学不要只让穿校服，要不别的衣服就白买了。——24004（张航，男，七）
④ 老师们也能有一套属于老师穿的校服。——13174（董渊，女，七）老师：穿统一服装。——13183（廖雪，女，七）

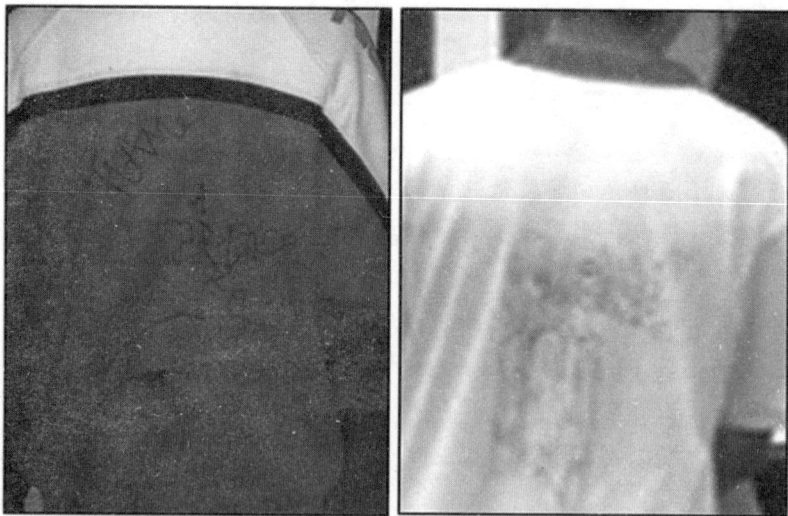

图 25　Z 中学学生校服上的涂鸦

三、我眼中的教师形象

教师是儿童在学校的重要交往对象，因而也构成了儿童作品中的一个重要主题。关于教师的讨论很多，大部分是对儿童心目中的好老师的期许。为方便论述，这里简单地分成"与学生有关的"和"与工作有关的"两类。

1. 与学生有关的

根据儿童作品中相关内容的集中程度，孩子们对教师提出的，与学生有关的要求主要有四点。第一是"爱"。孩子们希望教师能像父母爱孩子一样爱学生，和蔼可亲，帮学生排忧解难。例如：

还有我们的和蔼可亲的老师，当我们有困难时给我们排忧解难，给予关怀，虽不是我们的父母，但胜似父母。我爱我的学校，也爱我的老师。

——13166（郭晓荣，男，14 岁）

我心目中的学校也是完美的，就是老师平时在生活中是一个什么样的人，对自己的亲人是什么样的爱，对学生就是什么爱，在学习上，学生做错事就要和平时对自己的儿女那样批评，不能由自己的性子对学生。

——12292（舒晓丽，六）

在我心中希望教师都像我们地理老师那样和蔼可亲。也许会让我们更加喜欢学习，也许会起反作用，但我相信人类是有"善念"的，这样这个学校就完美了，无可挑剔了。

——13167（蒋浩田，八）

第二是"尊重"。尊重的前提是欣赏学生，表现为正确对待学生，从学生的角度思考问题。例如：

老师能够用欣赏的眼光对待同学。　　　——13174（董渊，女，七）

经验丰富的开明的老师，他们会尊重学生，考试不会排名，不要打掉学生的自信心，学生德智体美劳全面发展。　　　——13018（申芸凤，女，八）

学校里的老师要严厉而不失温柔，不会对着学生大吼大叫。

——13031（李沁蔚，八）

老师，以德服人，实行"仁政"教育，关心学生，从学生的角度去思考问题。

——13173（冉小蒙，女，12岁，七）

学校领导能切身尊重学生。能和学生一起游戏。——13041（朱戴远，八）

第三是"平等"。孩子们希望与教师建立起平等的师生关系，变成朋友，进行心与心的交谈。例如：

在那里，有绝对的平等，并不只是老师总管着学生，而师生之间冲破了那层阻隔，无论是学习和生活上，大家都能很好地交流。大家关系融洽。而且老师清楚学生在成长中遇到的问题，能用好的方法帮忙解决。

——13122（李晓，女，14岁）

在学校，同学与老师之间冲破了那层"时空的阻隔"，老师与同学之间都能将心比心地交谈。

　　　　　　　　　　　　　　　　　　——13124（柯蕊，女，14岁）

我最喜欢的学校的老师与学生关系应不仅是师生，更应是朋友，而且应是无话不谈的知心朋友，有问题可以一起解决，有快乐能一同分享。

　　　　　　　　　　　　　　　——13154（刘诗宇，男，14岁，八）

我理想的老师是与我们亦师亦友，学习上很严厉，但下课时可以和我们打成一片，像朋友一样。　　　　　　　——24011（张静，女，七）

第四是"公正"。孩子们希望教师能对所有学生一视同仁，特别强调教师不能以学习成绩为标准对学生区别对待。例如：

我希望的老师是一个公正对同学们一样关心和照顾。

　　　　　　　　　　　　　　　　　——24009（刘小欢，男，七）

我理想的学校是老师能认真管束我们而且老师对我们人人平等都没有偏见，不光用学习成绩来衡量一个人的价值。

　　　　　　　　　　　　　　　——13025（王赛挺，男，14岁，八）

2. 与工作有关的

对于教师工作，孩子们对教师的普遍要求是认真负责、经验丰富。例如：

我爱学校的老师，老师们都是那么的和蔼可亲，课堂上辛辛苦苦地上完课后，课下又为疑惑不解的人不厌其烦地再仔仔细细讲一遍，是那样尽责，那样认真。

　　　　　　　　　　　　　——13141（李巧，女，15岁，八）

我心中的教师，每个都有很好的教学方法，而且都很和蔼可亲，上课时有点幽默；能积极调起同学们的学习兴趣。　　——13138（熊欣宇）

资深的教师，可以教我们如何学做人。　　　——13020（党甜，女，八）

对于现实中教师工作不负责的表现，一些作品也提出了批评。例如：

老师在上课的时候，要打铃声就要来到教室，不能和别的老师再讲话，一讲就是十分钟，要和别的老师讲十多分钟就不如跟我们一起来学习课文。

——12292（舒晓丽，六）

老师上课不接电话，不说方言，下午放学的时候不要太晚。

——13011（温权，女，八）

类似地，对于一些教师的不良教学方法，如"突然袭击"、用成绩评价学生、布置很多作业、经常组织考试、让家长打孩子等，一些作品也提出了意见①：

我希望老师不要有"突然袭击的行为"。　　——13167（蒋浩田，八）

学校里的老师不会看学习成绩来评判你，每天不会布置做不完的作业，不会有太大的压力，也不会一个星期就考试一次，更不要经常开家长会，鼓励家长来打、骂孩子。这样才能让我们快乐地学习，没有负担。

——13031（李沁蔚，八）

我还希望学校的老师对学生要求严格的，老师虽然可以要求严格，可是也不能把时间排得没有空隙，有时也应该适当地放松一下，减轻学生压力后再学习，这样，对学生有很大的帮助。　　——12275（罗宇，女，12岁，六）

值得注意的是，一些作品对教师在课上课下的表现提出了不同要求，例如：

我理想的教师是课上温柔，面带微笑，该严厉时严厉，平常多和同学交流，多听听同学意见。　　——24015（蒋明月，女，七）

———————————————

① 关于教学方式的讨论在第六章还会涉及到。

我理想中的老师是在教学中严格的。课堂上比较严肃，老师当天留的任务要一定完成，如果没有完成的话，把那个同学留下来，在生活中，老师应当是和蔼可亲的，关心体贴同学。

——24012（王阁，女，七）

我理想的老师是一个上课严厉，对学生的错误要马上纠正，在课下多和同学们谈一谈，多和大家聊聊天。

——24010（无署名）

我理想中的老师是一个关心同学，在同学有困难时，能伸出自己的援助之手，而且老师在工作以后能和同学成为好朋友，一起做游戏。

——24014（蒋思宇，女，七）

上述三个作品均出自同一个班级的学生之手。我们在田野调查中发现，该班的班主任是一个非常严肃的人。在和我们首次见面时，该老师即自我介绍说是一个很"实诚"的人，对学生的要求比较严，所以"带的班比较'死'，学生都挺怕我的"。在后来的调查中，我们也发现，该老师除上课时间外一般都不待在教室。该老师曾告诉我们，她不喜欢在课下与学生交流，因为觉得"该说的话上课都已经说完了"。可见，上述作品中对生活中温柔、和学生打成一片的教师的渴望完全是对现实情况的反映。

2003年，北京教育科学研究院曾组织了一次面向全国中小学生的"儿童心目中的好老师"征文征画活动。对来自全国20多个省市的3000多名同学的作品的分析显示，儿童更看重的是老师对他们的真诚关爱以及由此而来的情感体验、发展的经历，希望老师带给他们的不要仅仅是教科书上的知识与技能。[①] 本次征文征画活动的结果与之一致。儿童作为活生生的人，有被尊重、接纳的内心需求。在现实生活中，一些教师容易忽略了学生的情感需求，只是把教育过程当做学习知识、技能的过程，以为"成绩上去了，什么都解决了"。实际上，最让学生感动、让学生铭记一生的好老师常常是在日常生活的细节中给予学生关怀和爱的人。"对于孩子来讲，最好的教师是在精神交往中忘记自己是教师而把自己的学生视为朋友、志同道合的那种教师。这样的教师

① 李帆、任国平：《把儿童的视角纳入教育——与北京教育科学研究院副院长张铁道博士的对话》，《人民教育》2003年第22期。

连他学生内心最隐秘的角落也都很了解，因而他口中的话语便成为能在年轻的、正在形成中的个性上起作用的有力武器。"① 满足儿童的情感需求也有助于提高学生的学习积极性，所谓"亲其师，信其道"说的就是这个道理。

从孩子们对教师形象的描述也可以看出，孩子们对于教师工作有一定理解，对良好的教育教学方法具有一定的分辨能力。相关研究也有类似发现。例如，威尔森·L. 布鲁斯（Bruce L. Wilson）和柯本特·H. 迪克森（H. Dickson Corbett）在《聆听城市孩子的心声：他们想要的教育改革和教师》（*Listening to Urban Kids：School Reform and the Teachers They Want*）中记录了大量儿童的声音。其中，孩子们对教师提出的要求是：不放弃任何一个孩子，有良好的维持课堂秩序和组织课堂教学的能力，能把学习变成一个有效且有意义的活动。孩子们还提出，教师应为学生提供个别化辅导，以帮助每个学生都获得成功。孩子们的意见表达出要求学校改革真正触及他们的日常生活的强烈愿望。②孩子们的这些意见对教师的专业发展也有参考作用。

四、麻辣话题：我的权利谁保障？

1997 年，卜卫曾在《少年儿童研究》杂志上发表了《儿童的权利》一文。尽管当时中国政府已签署联合国《儿童权利公约》达七年之久，还是遭到了"儿童如果有这么多权利，我们还怎么教育儿童"的质疑，并导致了某个地区集体退订《少年儿童研究》的结果。③ 如今，十多年过去了，"儿童权利"的话题还是一个备受争议的"麻辣话题"吗？

不可否认，二十年来，我国儿童的生存状态和权利保障均有很大进步。中国青少年研究中心课题组对 1991 年《中华人民共和国未成年人保护法》颁布以来未成年人的权益状况进行的实证研究表明，中国未成年人保护事业获得了长足进步，未成年人的生存权、发展权、受保护权和参与权均得到进一步实现。然而，该研究也发现，由于缺乏有效的协调，未成年人保护机构、法律体

---

① 苏霍姆林斯基著、赵玮译：《帕夫雷什中学》，教育科学出版社，1983 年版，第 16 页。
② Bruce L. Wilson & H. Dickson Corbett, *Listening to Urban Kids：School Reform and the Teachers They Want*, New York：State University of New York Press, 2001.
③ 孙云晓：《捍卫童年》，江苏教育出版社，2007 年版，第 15 页。

系、保护机制、实现和保障等方面仍存在一些不健全、不完善之处。①

应该说，目前我国有关儿童权利保障的政策法规是比较完备的，这是保障儿童权利的重要基础。但这些政策、法规的执行效果和理念相比还有较大差距，特别是在儿童的发展权和参与权等"非基本需求"权利②的保障方面，还有很大进步空间。劳凯声认为，学生是一个具有多重身份的群体，学生权利的确立与实现，很大程度上受到学生观、教育观的影响。③ 现实中，一些陈腐、落后的教育观念正是阻碍儿童权利实现的主要原因。这里根据儿童作品反映的情况，针对儿童的人身权和参与权的实现作一些讨论。

1. 对体罚说不

体罚是在我国教育实践中与儿童人身权密切相关的一个问题。体罚可以定义为"教育者使用诸如击打、鞭挞或拍打学生身体有关部位，并因此造成学生肉体痛苦的行为"④。我国《义务教育法》、《未成年人保护法》、《教师法》等相关法令均明确规定"禁止体罚学生"。例如，2006 年重新修订的《义务教育法》第二十九条规定："教师在教育教学中应当平等对待学生，关注学生的个体差异，因材施教，促进学生的充分发展。教师应当尊重学生的人格，不得歧视学生，不得对学生实施体罚、变相体罚或者其他侮辱人格尊严的行为，不得侵犯学生合法权益。"

然而，尽管我国法令早就明令禁止体罚，但在实际的学校教育和学生管理工作中，不尊重学生、体罚学生、侵犯学生权益的现象时有发生。本次征文征画活动中有一些作品对此提出了批评。例如：

老师：不能用暴力。　　　　　　　　　　　　——13183（廖雪，女，七）

教师有师德，不随便体罚学生。　　　——13181（汪珊，女，14 岁，七）

---

① 中国青少年研究中心课题组：《中国未成年人权益状况报告》，《中国青年研究》2008 年第 11 期。

② "参与权"被广泛地看做是"积极的"权利，即儿童能够应用的自我决定的权利。有学者认为，该权利根据儿童自身的特征暗中把他们定义为政治的行动者。参见大卫·帕金翰著、张建中译：《童年之死》，华夏出版社，2005 年版，第 213 页。

③ 参见余雅风：《学生权利概论》，北京师范大学出版社，2009 年版。

④ 同上书，第 130～134 页。

老师要正确对待学生所犯的错误，不能对学生使用暴力。

——13174（董渊，女，七）

老师喜欢辱骂学生，动不动就开骂，我希望老师不要用这种方法来教育学生，虽有"严师出高徒"，但严也不是这么严的。

——13121（贺政，男，15岁）

这里的老师不会动不动就讽刺学生，应该像父母一样对我们关怀，让我们感受到家的温暖。

——13125（熊富勋，男，14岁，八）

从上述作品来看，现实中仍然存在一定程度的体罚现象，其形式不仅包括肉体上的击打，还有言语中的谩骂、讽刺等精神折磨的方式。这和一些调查研究的结论是相符的。从李方强对义务教育阶段体罚现象的调查研究来看，体罚是一种比较普遍的现象，实施体罚行为的教师人数（初中68.4%，小学87.5%）和被体罚过的学生人数（初中28%，小学35%）都是相当可观的。①

然而，与上述作品中学生一致反对"体罚"的看法不同的是，李方强的调查发现，人们对体罚的态度和看法尚不统一。学生对体罚存在一定程度的认同倾向，认为教师"有时可以"体罚学生的人数小学为41%，初中33.3%，其理由主要是出于对个别学生不良行为的厌恶和对教师权威的认可。家长普遍对体罚表现一定程度的认可，大部分家长认为"老师是为学生好"、"严一点好"，可以接受教师对学生采取没有明显肉体伤害的体罚措施，如罚站、罚作业、罚劳动。

相比之下，教师对体罚的态度表现出某种矛盾性，部分教师主观上不赞同体罚，而事实上又实施了体罚行为，其主要理由在于"学生难管"、"效果好"。我们在Z中学调查时，多次听到该校教师抱怨学生难教，认为"现在学生不让打，拿他们没办法"。这种将"体罚"视做"教育儿童的必要手段"的观点曾在我国社会长期存在。在我国漫长的封建历史中，由于确定了"师为上，生为下；师为主，生为仆；师为尊，生为卑"的师生关系，教师对学生有至高的权威，拥有管束学生，甚至体罚、任意处置学生的权力。可见，

---

① 本部分数据转引自余雅风：《学生权利概论》，北京师范大学出版社，2009年，第130～134页。

随意体罚学生的行为背后其实是"不把学生当做独立个体，不承认学生是有自我意识和人格尊严的社会成员"的学生观。因此，体罚学生的行为实际上是轻视儿童价值、漠视儿童尊严的儿童观的体现，要切实禁止体罚、保障儿童的人身权利有待于社会观念的持续变革，即确立尊重儿童价值、尊严的儿童观。

此外，值得注意的是，一些老师和家长认同或实施体罚的原因在于体罚"效果好"。然而，从受到体罚的学生来看，体罚的效果究竟是什么呢？海姆·吉诺特认为："惩罚不能阻止不良行为，它只能使罪犯在犯罪时变得更加小心，更加巧妙地掩饰罪行，更有技巧而不被察觉。孩子遭受惩罚时，会暗下决心以后要小心，而不是要诚实和负责。"①塞尔玛·弗莱伯格认为："孩子受到的惩罚，会减轻他们对错误行为的内疚感，他们认为'惩罚'可以抵消他们的'罪行'，可以心安理得地重复自己的错误。"② 埃文·海曼认为："体罚教给孩子的是：暴力是解决问题的一种途径。研究表明，遭受惩罚痛苦的人、受到惩罚的人以及看人受罚的人都会这么认为。惩罚并不能帮助孩子们形成民主社会所需要的自我约束力。"③可见，"体罚给孩子带来痛苦，也树立了一个坏的榜样"④。可见，诉诸体罚并不能有效管理学生，不能达成所谓的"教育效果"，甚至有可能产生"反教育"的效果。在尊重、平等对待学生的基础上，正确处理学生的错误行为、建立和谐的师生关系才是更好的教育方法。

2. 请听我说话

参与权是儿童的四项基本权利之一。儿童参与有八个阶梯，从低到高分别是：操纵；装饰品；象征性的参与；成人决定，事先通知；咨询儿童意见；成人策划，但与儿童一起决定；儿童策划，儿童决定；儿童策划，邀请成年人一起决定。前三个阶段没有儿童参与，后五个阶梯越高，儿童参与程

---

① 阿黛尔·法伯等著、霍雨佳译：《如何说孩子才肯学》，中央编译出版社，2008 年版，第 80 页。

② 阿黛尔·法伯等著、安燕玲译：《如何说孩子才会听 怎么听孩子才肯说》，中央编译出版社，2007 年版，第 120 页。

③ 阿黛尔·法伯等著、霍雨佳译：《如何说孩子才肯学》，中央编译出版社，2008 年版，第 80 页。

④ 斯坦福大学医学院心理系暴力研究委员会：《暴力与抗争》，转引自阿黛尔·法伯等著、安燕玲译：《如何说孩子才会听 怎么听孩子才肯说》，中央编译出版社，2007 年版，第 119 页。

度越高。①

我国教育实践中，儿童参与的程度不甚理想。② 而令人欣喜的是，近年来，儿童的参与意识显著增强，这是实现儿童参与权利的重要前提。在本次征文征画活动中，有一些作品即表达了希望参与学校工作的愿望。例如：

学生在学校里有提意见的权力。　　　　　　——13031（李沁蔚，八）

我希望我们的校长能够花一点钱，去买电脑……这就是我们心目中的学校，我希望校长能照我说的话去做。　　——12293（罗杨，男，13岁，六）

为我们的学校一起行动起来吧！为学校创造美好的一天。

　　　　　　　　　　　　　　　　　　　——13169（幸银萍，八）

上述作品表明，一些学生希望能对学校工作发表意见，并希望自己的意见能被校长采纳，并转化成实际行动，产生实际效果，期望参与的程度基本是在第四阶梯"咨询儿童意见"上。还有些作品虽未明确提出参与的要求，但其采用的"给校长的一封信"、"对学校的一些建议"、"假拟合同"等表述方式也体现了对学校工作建言献策的积极愿望。例如：

《给学校的一封信》

尊敬的教师以及校长：

W 中学是一所老牌名校，名师云集，经验也很丰富，但对于我平时观察到的现象提点建议：

1. 更要加强卫生环保。
2. 多增加几个教室，好让一个班级人数少点。
3. 教学设备齐全，能让学生自己动手操作。
4. 多组织一些课外活动，丰富学生的生活。

---

① 卜卫：《儿童参与：被漠视的权利》，http：//www. ngocn. org/？action – viewnews – itemid – 857。

② 见本书第二章。

希望学校能采纳我的建议，从而更加完美这所学校。

——13164（袁金，男，14岁，八）

《我心目中的校园》

假拟合同：

校 1. 环境好，草木众多

2. 有多种娱乐场所，如健身房，游泳池等，多开展户外活动。

3. 校服分两类，男生穿裤子，女生穿裙子。

4. 有很多科目，电脑课每天两节。

师 1. 都很慈祥，对学生好。

2. 有管好自己班的独特方法。

3. 举止文明，讲普通话，不骂人，不打学生。

生 1. 学习非常好，高素质。

2. 有班级，集体责任感，处处为他人着想。

3. 不嫉妒，不伤害他人。 ——13197（姚雪芹，七）

总地说来，儿童希望参与决策的领域包括校园设施改造和绿化工作、厕所建设、卫生问题、校服、教学方式改革。从提出参与要求的学生年龄来看，多为中学生（7人），仅有一名小学生。这些作品向我们展示了一种具有强烈权利意识的、作为能动主体的儿童形象，从而为儿童自我赋权、保障自身权益的实现创造了条件。"自我赋权"① 作为政治哲学中的核心概念之一，被较多地应用于女性主义者为争取女性权利的主张及宣言中。女性主义者认为，"自我赋权"是一个使赋权者具有决策权力，获得知识、资源，能够表达自己的思想，具有选择能力，自信、自尊，能够支配自己的生活，掌握自己的命运的过程。自我赋权以改变权力关系为前提和条件，以增加权力拥有者的能力为目的，强调不受他人支配的能力、是自己支配自己生活的能力，而非支配和统治他人的能力。儿童权利意识的觉醒，以及对自身权利的认识正是实现自我赋权的重要基础。

需要说明的是，尽量让儿童参与各种事务，可以使儿童在参与过程中不断提高认识能力，充分发展个性、才智和身心等方面，形成健康人格，但是在儿

---

① 由于女性和儿童均属于社会的弱势群体，我国在论述相关问题时也经常将"妇女儿童"等同视之，所以本研究中有关"自我赋权"的讨论也基本借鉴妇女运动中对"自我赋权"的理解。

童生活中，并不是所有的事项都可以由儿童做决定，或者都能达到参与的第八个阶梯。教育者和父母应该根据儿童的成熟程度和利益，决定应该让儿童参与的程度。

五、师生角色期待的教育意义

从儿童作品来看，儿童对学生形象、教师形象的描绘实际上是对学生、教师的"角色期待"。"角色期待"是社会或个人对从事一定职业的人所特有的行为期待，它反映了人们对各职业群体的认识，起到了行为规范的作用。角色期待对角色行为有指引作用，但过高的期待将会使人的行为产生差异，导致角色失调。儿童作品中描述的学生和教师形象均具有这种"规范"和"理想"的性质。可以说，这是儿童对"什么样的学生才是好学生"、"什么样的老师才是好老师"两个问题的解答。

什么样的学生才是好学生？孩子们的回答是，守纪律、爱学习、团结同学、不断成长的学生就是好学生。作品中提出的"好学生"标准呈现出明显的一致性。特别地，这种一致性不仅在于儿童作品内部的同质性。万作芳对我国建国以来"三好学生"的评价标准进行考察发现，不论社会政治形态是否发生变化，被教育选拔机制选择出的好学生都具有四个标识："成绩好"、"品德好"、"天赋早熟"和"学校出身好"，拥有这些标识越多的学生越是好学生。[1] 对比本研究可以发现，孩子们谈到的"好学生"的标准与我国中小学评选"三好学生"等优秀学生的标准也具有一定程度的同质性，这一现象值得思考。

孙云晓把这种现象称做"集体失语"，认为现在越来越难听到儿童的心里话，儿童们都习惯性地按照成人的标准在塑造自己，结果失去了自己。不可否认，这些评价标准集中体现了社会对"好学生"的建构，具有强烈的社会价值，满足了社会对未成年学生的预期。但我们认为，不宜因为儿童对这些标准的认同，就判定儿童失去自己独特的看法了。儿童作品中关于校服的讨论为我们提供了另一个了解儿童对"学生"角色的认识的途径，其中不乏有趣的观点，如学生应该是美丽时尚的、朝气蓬勃的、男女有别的、具有个性的。对于

---

① 参见万作芳：《关于好学生特征的研究——"谁是好学生"研究之一》，《内蒙古师范大学学报（教育科学版）》2008 年第 10 期。

"校服"这样一个通常由学校教师一手决定的事物，儿童作品中反复出现的"自己设计校服"的要求，既是出于现实（让学生更喜欢穿校服）的考虑，还可视做儿童参与意识的觉醒，而在校服上自由涂鸦的举动更可视做儿童对"统一的、制度化的"学校生活的反叛。这些作品反映出的学生形象在现实的学校生活中是不被提倡、不受重视的，但也是真实存在的。

曾有学者对媒体中的不良儿童形象进行了批判，其中对儿童在成人引导下表现出的"小大人"形象和儿童为迎合成人而表现出的"天真的小孩"形象给我们留下了深刻印象。这个研究提醒我们，儿童表现出"过于世故"或"天真浪漫"的形象都是有其社会根源的。因此，对于儿童作品中体现出的对学生角色的期待，不管是认同成人的标准，还是特立独行地提出新标准，在妄自评论之前，仔细的考察、审慎的分析才是一个负责任的研究者应该做的事情。

什么样的老师才是好老师？孩子们认为，一个好老师在处理与学生的关系时首先应该是充满爱的，同时还必须尊重、平等、公正对待学生；在工作时应认真负责、经验丰富、在课上课下多与学生交流互动。孩子们对教师角色的期待如此之多让人印象深刻。特别是，孩子们似乎对教师不负责任的行为和不良的教育方法（如体罚）有很强的分辨能力，在一些作品中更对此提出了批评，对参与学校事务提出了要求。在儿童对教师的角色期待中最突出的就是对教师的情感需求，这一点在一些类似的研究中也得到证实。范梅南认为，教师承担着"替代父母"的职责，"专业教育者必须尽可能协助儿童的父母完成其主要的育人责任"[1]。家长和学生常常很难确切地表达他们对教师的角色期待。一般而言，家长最关心的就是老师是否"喜欢"他们的孩子，学生最关心的也是老师是否"喜欢"自己。"喜欢"其实表达了对教师角色的情感需求，又一次与"作为家的学校意象"对应起来。相应地，这一需求也对教师提出了关怀与爱、负责、公正、包容等角色期待。

新课程改革给教师的角色和行为带来了新期待和新要求。宋凤宁、谭宏认为，在新课改背景下，教师对自我提高性期待、教学性期待、人际交往性期待、生活期待以及评价性期待的期望值普遍较高。其中，在人际交往性期待中

---

① 马克思·范梅南著、李树英译：《教学机智——教育智慧的意蕴》，教育科学出版社，2001年版，第8页。

的师生关系方面，教师普遍希望学生能够理解教师，并与学生分享观点。[1] 王晓伟比较了教师、学生对教师角色的期待后也发现，在教育管理维度上，教师与学生之间差异显著：教师期望能恰当地处理学生间的矛盾、与家长合作管理学生、维持纪律，学生则期望教师能让学生充分自主、公正地对待每个学生、善于发现学生的优点。[2] 综合以往研究与本研究的发现可以看出，教师和学生对教师角色的期待不尽相同。新课程改革强调要"以学生为中心"，也就意味着要设身处地地体察儿童的内心需求。大量儿童作品表明，对于"什么样的教师才是好教师，学生希望有什么样的教师"，孩子们心中是有自己的"一杆秤"的。因此，有必要以儿童的视角重新审视教师角色，以满足儿童的需求，帮助儿童健康成长。这一过程既是教育研究视角的转换，也是教育实践思路的转变，必将带来内容的拓展和方法的创新。

最后，本章还讨论了儿童权利的话题。因为儿童权利的实现必然涉及到与成人的关系，在学校中，主要是与教师的关系，所以将有关这一话题的讨论也放入儿童对教师的角色期待中思考。尽管从目前的社会大环境来看，儿童权利尚未得到很好的保障，但通过对儿童作品的分析，我们发现，孩子们有强烈的权利意识，尤其渴望参与学校事务的决策，并在自身的实践中以或明或暗的方式反抗着学校的权威文化。这些发现，为以"自我赋权"的方式实现儿童权利保障的观念提供了必要的现实基础。

---

[1] 参见宋凤宁、谭宏：《新课改背景下教师角色期待研究》，《教育探索》2006 年第 2 期。

[2] 参见王晓伟：《教师职业角色期待比较研究》，《陕西教育》2008 年第 1 期。

第六章

我的校园生活

教育似乎是童年的工作，而且，即使当儿童踏出了教室大门，这一工作也不能停下来。

——大卫·帕金翰，《童年之死》①

有这样一篇儿童作品给我们留下了深刻印象。全文如下：

《我心目中的学校》

一只小小鸟，渴望无拘无束的生活，但在一个家长和老师携手精心编制的鸟笼里，它——无处可逃。

——题记

时间一分一秒地过去，小小的书桌上还放着一大摞作业，在这堆作业中，有一只微不足道的小手，不停地写着，写着。转眼到了 12 点，这摞书终于从左侧"移"到了右侧。这时，我长舒一口气，好像布谷鸟一样说："布谷！"这个信号一发出，妈妈便走进房里："宝贝儿，作业做完了，地生复习了没有？"我说："嗯！瞧，资料都做了一大堆了！""好，我给你出几个问题……"

（半个小时后）"好，可以去睡了！"听完这句话的我立马倒在了床上。

"乖！起床了！"我举表一看"6：20"糟了，要迟到了，我以"超音速"做好一切，到了学校，在一般情况（除了盛夏）我出门都还能看见月亮。我只好自慰地说："又比太阳公公起来得早！"小小肩膀背着大大书包上呀上学堂。终于在 6：50 之前到了教室，一天的学习开始了。从 6：50 到 12：30，几乎不间断的学习让我头昏脑胀，到了午休，本以为可以小小地睡一睡，可是每天都同一个老师以同一种方式毫不留情地占用了我们的休息时间。

---

① 大卫·帕金翰著、张建中译：《童年之死》，华夏出版社，2005 年版，第 72 页。

这样从6：50到下午6：35左右，我一直在学校"猛学"，从星期一到星期五。周末呢？你肯定想："这总可好好休息了吧！"这种想法约等于白日梦，各种各样的补课："英语、数学、物理、生物、地理"还外加一门乐器。稍微一有空闲，就要像赶命式地写作业。又是一个不得空的周末。

一日又一日，一周亦一周，一月复一月，一年累一年。我们就是这样的过着极度缺乏趣味，和极度紧张的生活。一天到晚成了学习的机器，被"应试教育"折磨得昏天黑地。

有时我想过我理想的校园生活：那一天，我可以迎着朝阳起床，在学校，老师不再拖堂，老师学生相敬如宾，学习充满快乐而又具有高效率，我们不再因为一听到"考试"就像见了瘟疫。中午，我们可以进行适当的娱乐和小睡一会，让下午更有活力。这天，我可以在太阳下山之前回家，作业只做到9：30就可以完成，在轻松、快乐中复习地生。

小鸟也有自己的幻想，但幻想终究是幻想，一脱离它看见的又只是冰冷的铁牢。

——后记

——13137（乔西贝子，女，八）

这篇作品描述了一位中学生一天的生活：一天中有18个小时在学习，且没有任何休息。帕金翰曾感叹说教育"变成了童年的工作"，而这一工作即便出了学校的大门，也没有停下来。上面的文章正是忙于学习的童年生活的真实写照，小作者将这种生活形容为禁锢儿童的"鸟笼"，更点明这一"鸟笼"是"家长和老师携手精心编制的"，揭示出当前儿童在学校和家庭共同控制下充满压力的生活。

这一主题在本次征文征画活动中亦多次出现。例如，在下面的作品中，作者通过将初中生活比喻为"战场"描述了在考试压力下忙碌、苦累的生活：

《心目中学校八年级课程》

何处繁忙？初中战场。

课本堆成巨垒，何人苦累？晨中读声阵阵，是黄沙纷飞。君不见夏中霜冻，可观过白日惊雷？地生中考欲缚身，无奈拔剑面对。

清晨迷梦中，唤周公，却茫然。负枪奔战场，拼杀碎铁笼。从未喘息过，学科汹涌万滚来。独苍然立于风雨，谁知心中裂弧？欲高呼："谁主沉浮？"

——13132（舒胜涛，男，14 岁，八）

2005 年，中国青少年研究中心"中国青少年学习和生活的现状与期望"调查显示，57.6%的中小学生因"学习压力大而苦恼"。①可见，源自学习的压力已经成为扼杀中小学生幸福、快乐的主要因素了。还有很多大规模问卷调查显示，儿童的自由活动时间在减少，"学习"几乎变成了童年生活的代名词——除了学习，儿童几乎没有其他娱乐休闲活动。近年来，尽管教育部多次下令"给学生减负"，而仍有一股强大的力量与减负"角力"，所以孩子们的书包仍旧沉重。如今中小学生的学习负担究竟严重到何种程度？对此，他们有何看法或期望？本章将根据儿童作品中对其在上学放学、课上课下的活动的描述对这些问题作一些解答和分析。

一、沉重的学习压力

从儿童作品来看，孩子们的学习压力主要来自紧凑的日程、繁重的作业和频繁的考试。

1. 紧凑的日程

作息时间表和课程表是对学校生活进行具体安排的日程表。从儿童作品来看，反映比较集中的愿望有两个：一是能晚点到校，二是中午可以有休息时间。例如：

现在的课程有些多，对于我们有些累，早上应该8：00到校，这样我们就会有足够的睡眠时间，不能因为学习而弄坏了身体健康。

——13126（刘天宇，男，15 岁，八）

我希望学校把每天7点多上课调晚一点，满足我们10个小时的睡眠。能把每天在校12小时调为规定的8小时，老师按时上下课，按时放学。

——13019（梅辛平，八）

---

① 中国青少年研究中心：《中国未成年人数据手册》，科学出版社，2008 年版，第73 页。

我心目中的学校，孩子们是一定要有午休时间的，这样避免了下午打瞌睡，还可以精神百倍地认真学习。　　——13129（胡梦晗，女，14岁，八）

其实，我们每天也很辛苦，早起晚睡，在学校中没有时间休息，在家中，休息不好。　　　　　　　　　　　——13139（谭璇璇，女，八）

再就是中午希望有半小时左右的睡眠时间，因为上了初中后，随着课程和知识的增多，上午全身投入学习中，中午吃饭也比较紧促，吃完后又要马上到教室，所以我希望有充足的时间午睡，这对下午的学习十分重要。如果不能得到充足的午睡，下午就会没精神。　　　　　——13142（林敬涵，八）

这里之所以不用学校的作息时间表来分析，是因为田野调查发现，四所学校实际上并没有完全按照作息时间表来活动①，特别是到校、中午和离校的时间更是"因班而异"。然而，四所学校有一个共同点，就是学生的实际学习时间大大超过学校作息时间表中规定的上课时间。从田野调查和对儿童作品的分析来看，虽然各个学校的作息时间都规定早上八点开始第一节课，但学生实际到校的时间要早得多。学校通过"早自习"、"早锻炼"、"晨读"等方式，要求学生提早到校。一般来说，绝大部分学生在七点半前就已经到校了。作息时间表上规定12：00到14：00的两小时"午休"，但实际上，除了半小时左右的吃饭时间，四所学校学生的午休时间几乎都是在教室中度过的。我们在Z中学观察发现，中午时间常常有一位主科老师来监督学生自习、做作业，此时为学校规定"静校"时间，教室外不能有一个学生。直到下午第一节课开始前一刻钟左右，学生才可以到教室外活动活动，为下午的学习作准备。此外，该校教师上课拖堂的现象也非常严重，有时候连下课上厕所的时间都没有。因此，学生们在校的休息时间被教师剥夺了，作息时间表上规定的八小时学习时间，变成了现实中约十二个小时的学习时间。如此任意占用学生的休息时间是孩子们很反感的行为，一些作品就对此提出了意见。例如：

---

　①　这一点对田野调查早期造成了不少麻烦，我们按照作息时间表到校，却变成"迟到"；至于课程调整更是非常频繁，特别是副科常常被占用，课程表几乎没有作用，我们后来更是干脆不看课程表了。

每天中午 1 个半小时的午休时间老师绝对不会占据。

——13171（敖菁，女，13 岁）

作息时间固定，不拖堂，不占用休息时间。

——13195（涂小倩，女，14 岁，七）

　　紧凑的日程安排不仅占用了学生的休闲时间，还剥夺了学生的睡眠时间，多数作品都提出了想要更多睡眠时间的要求。缺觉是我国中小学生的普遍状态。全国少工委办公室、中国青少年研究中心"当代中国少年儿童发展状况"调查 1999、2005 两次调查均显示，我国儿童的睡眠缺乏，近半数（1999 年为 46.9%，2005 年为 45.7%）儿童的睡眠时间低于国家规定的 9 小时标准。2003 年，中国青少年研究中心"城市少年儿童生活习惯研究"也显示，66.6% 的小学生、77.1% 的中学生睡眠时间不达标，其原因均与学习有关："作业太多"排首位（49.5%），与之相关的"写作业太慢"居第二（32.2%），然后依次是"学校要求到校时间早"（24.4%）、"校外学习"（13.4%）、"家教补习"（6.7%）。41.6% 的学生"经常"或"有时""为了完成作业不得不少睡觉"。[①] 这些数据说明，不减轻学生的负担，难以保障儿童的充足睡眠。学生总处于精神高度紧张的学习活动中，更加容易产生焦虑、郁闷、烦躁等负面情绪。

2. 繁重的作业

　　孩子们对作业的普遍反映是"太多了"。大部分孩子希望减少作业量、作业留得适量，个别孩子更要求取消作业。例如：

作业不要留得和一座山一样，让我们做不完。——24004（张航，男，七）

我希望我们的作业能少一些，不用经常做到深夜，也让我们有足够的睡眠时间。

——13130（石雨寒，女，14 岁）

---

　　① 中国青少年研究中心：《中国未成年人数据手册》，科学出版社，2008 年版，第 128 页。

我最喜欢的学校没有太多的作业和沉重的负担。

——13014（张精政，男，15岁，八）

没有作业的学校。   ——13041（朱戴远，八）

还有些作品对减少作业负担提出了具体建议，如改变作业形式（如口头作业、社会实践）、在学校完成部分作业（如安排专门的做作业的时间）。例如：

我们的作业也很适量，而且主要作业不是手写，而是训练各方面的能力。

——13125（熊富勋，男，14岁，八）

真希望老师可以减少一些作业，多安排口头作业。

——13139（谭璇璇，女，八）

每天留的作业在课上完成一半，家里一半。——24009（刘小欢，男，七）

每天都有两节自习课，一节在上午，一节在下午，这样可以让我们的作业在学校完成，回家睡个好觉。   ——24006（无署名）

谢妮认为，家庭作业是学校工作的"家庭责任承包"部分，回家做作业是学校生活的延续，使得学生在家庭中的一部分时间成了学校时间的延伸。这种延伸不仅体现在每天放学后的时间中，还体现在双休日、假日等法定休息日中。① 全国少工委办公室、中国青少年研究中心"当代中国少年儿童发展状况"调查1999、2005两次调查显示，儿童在休息日的主要活动是写作业。② 1999年调查中，排在前五位的活动为："阅读课外书刊、报纸"（85.2%）、"看电视、电影、录像"（84.5%）、"做家庭作业"（84.1%）、"参加特长培训"（47.8%）、"和小伙伴一起玩耍"（39.8%）。2005年，排在前五位的活动变为："做家庭作业"（95.3%）、"做家务"（81.9%）、"阅读课外书刊、

---

① 参见谢妮：《学校日常生活中的身体》，北京师范大学博士学位论文，2006年。
② 该数据通过对"上个休息日"的活动进行调查而得出。

报纸"(79.9%)、"和小伙伴一起玩耍"(79.4%)、"看电视、电影、录像"(75.7%)。其中,"做家庭作业"在儿童休闲生活中所占的比例上升 15 个百分点,做作业的时间从 1999 年的平均每天 89.69 分钟,增长到 2005 年的平均每天 140.65 分钟,增幅明显。① 这些数据说明的只是休息日的情况,若加上儿童在校的学习时间,可以说,儿童的生活已经被学习填满了。

3. 频繁的考试

频繁的考试也是儿童压力的主要来源之一。特别是对中考这种足以"决定命运"的大考,一些作品将之称做"战场"。例如:

沙漫天是中考战场,穿破百战铠甲。喊杀震天,似巨浪驾帆。读地理,领略神州大地风采,学生物,广袤无边是自然,中考捷,竟为全校师生俱欢颜!

——13123(刘堃,男,14 岁,八)

但是,孩子们对考试的态度是复杂的。尽管频繁的考试给他们带来了困扰,但只有极个别作品要求"取消考试"②,一些作品提到了考试的必要。例如,下面两个作品均认为,考试有促进学习、帮助树立自信的积极作用:

考试方面如果学校多搞政、史、地、生等课的考试,让我们知识掌握得更牢固就好了。

——13128(黎济民,男,15 岁,八)

考试是一个展示自己的舞台,便于自己找到自信,同时,考试也能及时找出自己还存在的问题,及时解决,中考前甚至中考都有以上作用。

——13154(刘诗宇,男,14 岁,八)

2005 年,中国青少年研究中心"中国青少年学习和生活的现状与期望"调查显示,81.1% 的中小学生认为考试能促进学习,但有 42.4% 的中小学生认为考试妨碍了学生素质的全面提高,高达 90.8% 的中小学生认为考试不能成为衡量学生素质的唯一标准。结合上述两个作品,可以看出,学生们普遍认

---

① 中国青少年研究中心:《中国未成年人数据手册》,科学出版社,2008 年版,第 124~126 页。
② 如:没有考试。——13041(朱戴远,八)

同考试存在的必要性，但只有"合理的"考试才具有促进作用。因此，更多的作品针对如何改革考试，让考试更好地发挥积极作用提出了建议。例如：

考试，不宜太多，且每次试卷要比书上简单，让学生有信心，对这门课程有充足的信心学好。 ——13173（冉小蒙，女，12岁，七）

在考试密集程度上，我觉得应一周最少一次……应多和学生作思想交流，告诉并让学生弄清考试的目的，以及考试作假的害处，避免考试失去其原有意义。

——13154（刘诗宇，男，14岁，八）

每一次考试时都是每个年级交叉着考，两个老师监考，没有人敢抄。 ——13196（庞薇，女，13岁，七）

上述作品从考试的内容、频率和考试方式方面提出了建议。而有关考试改革的建议主要集中在排名问题上：一些作品建议取消排名，另一些作品则提议不应公布排名。例如：

学校虽然考试，但不排名次，学生没有任何学习压力。 ——13195（涂小倩，女，14岁，七）

学校领导和老师能给学生一些自由来安排自己的学习，频繁的考试不会再是学生害怕的事情，因为老师不会拿"成绩"、"分数"、"排名"来压学生，而这一过程变成了找问题并改正的一个过渡。 ——13122（李晓，女，14岁）

学校每一次考试都不会再排名，只是换成找问题。这样同学们便能打开自己的思维，不会再有学习的压力，同学也可获得一点点的自由。 ——13124（柯蕊，女，14岁）

我现在所在的学校虽然建造不是很华丽，但是升学率很高。但这并非是我理想中的学校，考试不会排名，不要打掉学生的自信心。 ——13018（申芸凤，女，八）

和许多学校一样，考试和排名同样也是十分重要，当然，我不是不赞成考试排名，这是老师必须了解的，我认为，名次不应当当众公布，这样既可以不让有的学生自满，也避免了另一些学生自尊心的伤害。

——13145（向婷，女，14岁）

学校应该充分保密学生的一切资料，包括成绩。对我来说，排名一个有欠妥当的行为，所排名次我认为应该保存在老师手里，即使公布，也只应该公布前十至前二十名，这样既保证了学生的自信心不受到伤害，也不会使学生产生消极或自满情绪。

——13147（覃左少雄，男，15岁）

从这些儿童作品可以看出，考试排名是造成学生压力的主要原因。这和我国中小学中越来越浓烈的竞争氛围是分不开的。排名就意味着比较，其结果就是把同在一个班级、年级、学校内的学生分成"优、良、中、差"等不同层级。这本来具有一定合理性，从逻辑上说，对学生的能力素质进行适当区分有助于了解每个学生、因材施教。[1] 但现在的普遍事实是：学校对学生的分层过于频繁、过于细密，"分层"实际上已演变为"分等"，并在事实上导致了学生之间的"分裂"——好学生受吹捧，中等生不被重视，差等生更是成为被嫌弃的对象。这种现象对所有学生（包括好学生）的发展都是不利的，对中、差等学生的危害尤其较大。中、差等的学生"在学校中的存在价值遭到事实上的否定，人格尊严受到事实上的伤害，变成了'优等'学生的陪读者、陪衬人乃至牺牲品。在这个意义上，'社会不平等'首先已经被所谓的'人类灵魂的工程师'们在所谓的'教育'机构中制造了出来"[2]。

现实中，考试所带来的不公平关系并没有被充分认识到。人们倾向于把考试看成一个仅与个人能力有关的问题（尽管越来越多的社会学研究发现，考试成绩的取得与个人的家庭背景关系密切[3]），因而认为只有考不好的学生才有考试压力。例如，2005年中国青少年研究中心"中国青少年学习和生活的现状与期望"调查发现，62.1%的中小学生赞同成绩排名的做法，其理由在

---

[1] 这里主要是从考试这种形式来谈，其前提是考试的内容是合理的。

[2] 吴康宁：《学校的社会角色：期待、现实及选择——基于社会学的审视》，《教育研究与实验》2005年第4期。

[3] 这一点在第五章关于"爱学习"的学生形象中已经讨论过了。

于"成绩排名能使人清楚地认识到自己的水平"（70.2%）、"成绩排名能提高学习积极性"（65.8%），但有65.7%的中小学生认为"成绩排名会使排在后面的同学难堪"。① 然而，事实上，好学生也是被迫卷入以考试为主要形式的分化过程的。在这个过程中，他们也被剥夺了选择的自主、行动的自由，他们的存在价值、人格尊严同样受到事实上的伤害，他们同"中等生"与"低等生"一样，都是学校教育在实现"分化"功能过程中的牺牲品。② 所以，对考试不应局限于对个人能力等个性特征的思考，还应从儿童权利的角度来审视。值得欣慰的是，上述调查还发现，41.4%的中小学生对于"成绩是个人隐私，不应该被公布"表示赞同。③

紧张的学习生活给孩子们带来了沉重的学习负担。这一问题日益引起国家的重视和社会的关注。2009年4月24日，教育部发出《教育部关于当前加强中小学管理规范办学行为的指导意见》为中小学生"减负"，要求各地不以升学率对学校排队，不以考试成绩对学生排名，禁止炒作高考成绩。该意见特别针对当前人民群众普遍关心、社会反响强烈的"违背教育规律、影响正常教育教学秩序"的热点难点问题提出了"科学安排作息时间，切实减轻学生过重课业负担"、"严格规范考试科目与次数，逐步完善教育评价办法"的工作要求，以期能切实保障学生的休息权利。④

二、我喜欢的课程

值得关注的是，尽管紧张的学习生活给孩子们带来了沉重的压力，但他们仍把学校看做"知识的海洋"，认为在学校的主要任务就是学习知识。例如：

学校，是我们的知识海洋。　　　　　　——12283（柳香，女，13岁，六）

学校是使我们获得知识的地方，它使我们更好地成长。
　　　　　　　　　　　　　　　　　——13025（王赛挺，男，14岁，八）

---

① 中国青少年研究中心：《中国未成年人数据手册》，科学出版社，2008年版，第67~68页。
② 吴康宁：《学校的社会角色：期待、现实及选择——基于社会学的审视》，《教育研究与实验》2005年第4期。
③ 中国青少年研究中心：《中国未成年人数据手册》，科学出版社，2008年版，第67~68页。
④ 见教育部网站，http://www.moe.edu.cn/edoas/website18/06/info1240564452754206.htm。

学校是让同学们学习知识的地方，是老师传授学生知识的地方。

——13151（谭紫妍，女，14岁，八）

我心目中的学校，再也没有对付应试教育的繁多的考试，教师和学生都沉浸在素质教育体制的快乐之中，真正做到了为学习而学习。同学们在这良好的学习条件下，显现出一片学习的劲头。 ——13022（李乃东，男，14岁，八）

学校的主要任务是学习知识，但并不是所有知识都可以进入学校，变成课程。"什么知识最有价值？"自斯宾塞提出这个问题以来，在一个多世纪的时间里，这个问题都是教育理论研究的核心问题之一。几乎每个教育家都对这个问题进行过思考，广大教育工作者在日常工作中的行为也经常有意无意地透露出他们对这一问题的回答。

在这一方面，新教育社会学①对课程知识的社会学研究为我们提供了重要启发。新教育社会学的代表人物、英国著名教育社会学家麦克·扬主张关注课程知识，对课程本身的合理性进行怀疑和批判。他研究发现，不仅呈现在学校课程里的知识本身已经阶层化了，学校课程的安排与组织也反映了社会阶层化的情况。课程知识是社会地、历史地建构的，因此，"现实的课程，作为一个完成的形态，往往都是一种不同的利益相关者之间彼此暂时的妥协、让步和角斗的结果"②。更激进的观点来自美国教育社会学家阿普尔。他通过对历史上和现在的教科书的分析认为，课程是传递统治阶级意识形态、进行阶级关系再生产的工具。但是，他也注意到了社会被统治阶级对这种权力和控制关系的反抗。

"课程是社会建构的"这一观点使得课程知识从不言自明的地位跌落下来，使课程成为可以质疑和批判的对象，使人们认识到课程知识不过是某社会团体出于其特定的社会立场及利益诉求，对知识进行价值判断和选择的结果。因此，我们在思考与课程知识有关的问题时，应考虑来自不同地区（包括城

---

① 20世纪70年代以来，教育社会学领域发生了研究重点的转变，即由传统上对分配和教育组织的关注转向对课程和教学问题的研究，"走入日常生活"、"走入学校日常情境"成为鲜明的研究主题。教育社会学的研究方法也随之发生很大的变化，质的研究方法更多被采用。因此，人们一般把20世纪70年代以后的、以伦敦大学教育学院的麦克·扬为代表人物的教育社会学流派称做"新教育社会学"。

② 参见麦克·扬著、谢维和等译：《未来的课程》，华东师范大学出版社，2003年版，第2页。

乡）、性别、民族群体的权力和利益问题。特别是在课程的具体实施中，还会遇到教师代表的成人世界和学生代表的儿童世界之间的权力、利益问题。①

当前，我国正在进行新一轮基础教育课程改革。新课改强调课程要联系学生的现实生活，并将学生的生活经验视做重要的课程资源。新课改的这一理念挑战了传统的完全由国家、教师决定课程的观念，突出了儿童在课程制定、实施中的地位和作用。可以说，新课改为从儿童视角重新审视课程提供了有利条件。那么，儿童对课程和知识有何看法？在孩子们眼中，什么知识最有价值？本次征文征画活动中，一些儿童作品对此作出了解答，体现了儿童的课程观。例如，一些作品针对现实中学校分科教学的情况，提出了具体的学科内容：

在我心中，有一所学校，……这所中学还会分系，音乐系，绘画系，篮球社，足球社，舞蹈系。 ——13030（金妍伶，女，14岁）

我理想中的学校有各种培训班、游泳、绘画、武术、音乐、艺术…… ——13020（党甜，女，八）

我理想中学校是一个科技教育学校，以素质教育为主，以实践为主，学校充满欢乐气氛。 ——13015（刘旭，男，15岁，八）

13030号作品和13020号作品特别提出了体音美方面的课程，这可能与现实中这三门课程经常被主科占用的情况有关。13015号作品设计了一所科技教育学校，其课程内容主要是素质教育。"素质教育"这样的教育词汇在儿童作品中多次出现，这一现象值得探讨。

儿童被认为"不懂教育"、不会说教育的内行话，这是他们被排斥在教育讨论外的重要理由。这种看法把儿童的表达能力作为实现其参与教育讨论的基础，是有待商榷的。和很多成人一样，儿童虽然没有（或没机会）明确地表述出他对课程的理解和认识，但是从他对于所学课程的评论中，从他对自身学

---

① 一些学者认为，学生和教师所代表的儿童和成人文化的冲突是造成课堂冲突的重要原因。例如，王铁群、张世波认为，课堂中的失衡性冲突主要是由于学生对教师规范文化的怀疑甚至否定、不相信教师权威的合法性而引起的，并认为教师权威是造成儿童个性压抑的根本原因。又如，吴康宁认为，学生的差异对教师的个人权威也有一定的影响，从而影响了课程的实施。参见黄力：《新课程改革背景下教师的课程权力研究——对一所中学的个案研究》，北京师范大学硕士学位论文，2006年。

习课程的经验的描述中，我们仍然能够察觉出他对课程的理解。实际上，无论儿童自己是否意识到，在他的学习行为背后，都有一套他自己的教育观念，其中即包括他对课程的理解、对教师的期待、以及对教育的追求等内容。这些理解和认识经常是以缄默知识的形式在发挥作用，是儿童实践着的教育学。例如，图 26 描绘了四个课堂教学的场景。从板书的内容来看，孩子们正上着语文课和数学课。这幅画虽未具体说明课程是什么，但从作者仔细设计的四个板书的内容即可推测出作者的课程观。类似的例子可见图 27。这是 2003 年北京教育科学研究院组织的"我心目中的好老师"征文征画活动中的一幅作品，山东博兴一小贾乐成同学用图画讲述了他的"课程观"——画中的教师左手托着知识，右手托着天平，一男一女两个同学站在天平的两端。老师的脚下放着课外书、竖笛、地球、足球、篮球等物品；老师的肚子里有一片海，象征老师宽广的胸怀；老师的笑脸上还长了一只天眼，仿佛灿烂的太阳。[①] 从这幅画中，

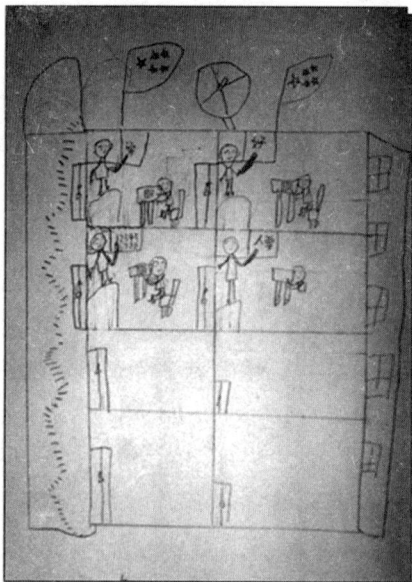

图 26　向烈清（男，G 小学，二）

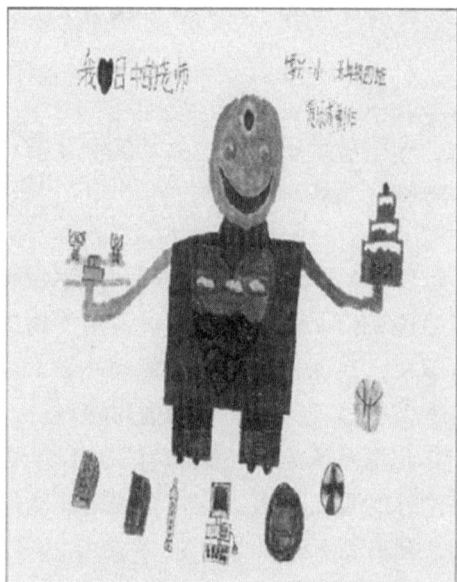

图 27　我心目中的老师，贾乐成（博兴一小）

---

① 参见张铁道：《回应儿童的情感需求——"儿童心目中的好老师征文征画"成功感言》，《班主任》2002 年第 2 期。

我们可以看出，小作者关注的是体育、计算机、音乐及众多课外知识的传授。所以，问题不在于儿童有没有能力参与教育讨论，而在于现在关于教育的讨论遵循的都是成人的逻辑、使用的都是成人的标准，没有为了解儿童的看法提供机会，更别提为鼓励儿童自主发声创造条件了。

但也应注意，对上述作品中有关"素质教育"的论述进行分析可以发现，孩子们多把"素质教育"理解为"唱唱跳跳"，这一理解与很多社会公众对"素质教育"的误解是一致的。这里不是要批判孩子们的看法，而是试图探清孩子们使用"素质教育"这样的词汇背后的真意，以免对儿童的看法造成误解和误用。

还有一些作品提出了扩展课程的看法，把课程内容拓展到在学校教授的学科以外的广阔领域。例如：

《我心目中的校园》

校园里，随处可听见大大小小的此起彼伏的读书声，但什么时候，能在一个阳光和煦的下午，同学们能静静地坐着，伴着书香进入那更广泛的阅读天地呢？毕竟，课本上的内容已满足不了我们浓厚的阅读欲望。因为在家或周末时，同学们不是忙于备战考试就是奔波于各种补习课之间，疲劳的眼睛确实是不再想往书上多瞄一眼了。

所以，如果能在某一天学习了几节课内容之后，给我们一点时间来阅读来欣赏那真善美的文字，让紧张的心稍加缓和来取代数不尽的题目和走道间无聊的打闹嬉戏吧。

如果，学校能为同学提供图书馆，让不同家庭环境里的同学们去领略什么是真正的美，真正的爱，真正的艺术与灵魂，那比上班主任的"政治课"效果也许更好。

学校里，应有更多的书香伴我们成长、学习，而不是仅仅有死板地盯着那八本教科书呀。
——13161（毛安琪，女，八）

学校不仅仅注重课本教育，还要培养学生全方面的发展。
——13144（闫庆、冉伊雯，女，14岁）

我心目中的学校是不考试，无作业，无教材，注重素质教育。以实践为主，从生活中学习知识的学校。
——13024（杜永衡，男，14岁，八）

这些作品认为，学习不应局限于教科书上的内容。孩子们建议广泛地阅读，更主张从生活中学习知识。之所以提出这些建议，是因为扩展课程的内容不仅有助于学生的全面发展，让学生感受真善美，还能调节紧张的学习生活所带来的学习压力。这种对于拓展课程内容的观点源自孩子们的实际生活，是他们的真实需要。

这些作品还表明，孩子们认为自己受限于学校所教授的学科，这和我国课程体系的现状是紧密相关的。尽管我国正在进行的新课程改革致力于改变学生在课程教学中的次要地位，但总的来说，学生在整个教育体制中仍处于比较明显的弱势地位。

三、我喜欢的学习方式

任何一套课程，都只是一个蓝图，要想让它真的实现，必须经过教学过程。在这个过程中，由于教育情境的差异性以及学生发展的多样性，在课程专家看来是高质量的课程，未必完全适合于所有的学生。为了使课程更好地满足学生发展的需要，促进学生的全面发展，需要针对具体的情况对课程进行一定的改造。就我国的课程教学实践来说，教师是课程实施中的绝对"权威"，常常可以看到教师对课程内容进行"裁减"、在课程教授过程中自由发挥的例子。[1] 然而，很多关于课程实施的讨论都是从教师教授的角度来谈的。事实上，学生对课程的反应是影响课程实施效果的重要因素，课程编排得再"科学"、教师讲授得再"精彩"，如果没有结合学生的特点、没有考虑学生的需要，都不能真正发挥作用。学生对课程的接收过程正是学生的学习过程，对这一点的考察也是从儿童的角度分析课程实施的主要内容。本次征文征画活动中，孩子们描述了他们向往的学习方式——在课上快乐学习、在课下尽情玩耍的、轻松的学校生活。

1. 在课上快乐学习

尽管学校的主要任务是学习，但孩子们渴望搭配合理、张弛有道的学习方式。他们从课程安排和教学方式两方面提出了大量建议，并认为课程安排和教

---

[1] 参见黄力：《新课程改革背景下教师的课程权力研究——对一所中学的个案研究》，北京师范大学硕士学位论文，2006 年。

学方式的改变将增强学习的乐趣。

（1）课程安排

针对目前紧凑的学校日程安排，孩子们提出了以下建议。首先，孩子们强烈要求增加体育、音乐和美术课的课时，至少是按照课程表规定的课时，不要随意占用这三门课的时间。很多孩子喜欢这三门课程。在他们看来，上体音美课不仅有助于培养综合素质，还是他们的权利。例如：

在教室里，希望有一些高级点的设施，让我们上信息课、音乐课、美术课，这三门我们最喜欢的课，都消失了。　　——13019（梅辛平，八）

体育课也是少之又少，一星期不是被这占就是被那占，我希望学校可以多设一节体育课每星期。　　——13121（贺政，男，15岁）

学校中高年级的户外活动课少之又少。一学期的体育课零零星星，周末时间都去复习文课，都指望体育课可以活动一下。希望学校可以多设体育课。
　　——13153（鲜孜灿，14岁，八）

虽然现在学习很重要，但我却不希望停了美术课，我希望美术老师们带我们去写生，因为恩施是一个景色秀丽的地方，如果能把这些风景秀丽的地方画下来就更棒了。　　——13044（方钟幸子，女，14岁，八）

我认为，每星期应该有三节体育课，用更多的时间教会学生如何强身健体，毕竟"身体是革命的本钱"，但是也不能天天盼着上体育课，弄清上体育课的目的。
　　——13154（刘诗宇，男，14岁，八）

我希望我的学校能多添加一些轻松的学科如音乐、美术，提高我们的综合素质，而不是因为学习时间紧，就剥夺了我们学习这些课的权利。
　　——13130（石雨寒，女，14岁）

在我国中小学课程体系中一直存在着课程地位的差别，其表现就是有"主科"、"副科"之分："主科"指考试（特别是升学考试）科目，主要是语文、数学、外语，在中学还有物理、化学、生物、地理、政治、历史等会考科目；"副科"主要就是体育、音乐、美术。主科、副科的区分是课程分层的具体表现，和各科配套的课程评价制度是造成课程间地位差别的最主要原因。韦伯认为，工业化社会中教育系统逐渐的"科层化"已经导致越来越强调"考试"，并把它作为评估（由此也是确认）"专家"知识的最"客观"方式。在当代教育的内在观念中，有一种非常有趣但也不完全偶然的看法，即"如果你不能考核它，它就不值得知道"。因此，非考试的课程往往被视为"闲暇"的课程或为"低能儿"提供的课程。① 这个观点在一定程度上解释了体音美在学校不受重视的原因。但孩子们并不这样认为。他们从直接的身体和心理感受来判定课程的价值，他们喜欢上体音美课，所以这些课就值得多开些课时。更有些孩子意识到，既然课表中已经安排了体音美的课时，学校随意占用这些课时，实际上是侵害了他们学习这些课程的权利。

其次，孩子们希望有更多的自由时间（如自习课、选修课、看书时间），以便自由安排学习活动（如去图书馆看书，或请教教师）。例如：

应当在一周中的一天里有一节是可以到图书室参观书籍的课，让我们的知识面变得宽广。在一周里的星期二的那天有一节选修课，在星期四的那天有一节必修课。　　　　　　　　　　　　　　　　——24012（王阁，女，七）

我理想中的课程是，一周一次选修课，这样可以让同学们有不明白的及时地去找老师问明白，也可以给学生带来兴趣，然后每周去图书室参观一次。这就是我理想中的课程表。　　　　　　　　　　　　——24008（无署名）

每周一至周五都有一个小时的看书时间。

——13144（闫庆、冉伊雯，女，14 岁）

最后，有作品建议根据学生的精神状态，对不同课程的上课时间进行合理搭配，以提高学习效率。例如：

---

① 麦克·扬著、谢维和等译：《知识与控制——教育社会学新探》，华东师范大学出版社，2002年版，第 47 页。

　　我觉得在白天长的时间应该早上上课多上几节，下午少上几节课，因为早上有精神，下午容易困。而且早上主科应该多上几节。

——24002（汪子键，男，七）

　　上午不要老是上主科，也把主科有的换到下午来上。

——24004（张航，男，七）

　　（2）教学方式

　　在儿童对教师的工作要求部分，我们已经看到孩子们具有分辨良好教学方式的能力。这里列举的作品更是对孩子们喜欢的教学方式作了更系统的介绍。孩子们的建议对于改进教学的实践性和趣味性有积极的参考作用。首先，孩子们希望有电脑辅助教学，以帮助解答疑惑、拓展知识。例如：

　　有一台电脑电视，有什么问题不懂就问它，打出自己的问题，它的答案就出现在屏幕上。　　——11031（罗银秀、雷丹，女，11、12 岁）

　　教室里讲台上有一台电脑专供老师用，我们上课时有些文化背景知识知道得多一些，这样我们也就多一些知识。　　——13163（余康声，八）

　　其次，孩子们特别希望在上物理、化学、生物等课的时候，有机会亲手做做实验，以便更好地理解和记忆相关知识。例如：

　　实验室里可以做各种实验，也可以帮助同学们对一些通过实验获得的结果记在心中。　　——12283（柳香，女，13 岁，六）

　　上生物和物理的实验，只有亲自动手去实验才能了解得更深刻，记得更牢固。

——13151（谭紫妍，女，14 岁，八）

　　再次，孩子们希望在课上能设计一些师生互动的活动或游戏，活跃课堂气氛。例如：

上课时老师和学生并不是传统的老师讲，学生听，而是老师和学生像做游戏一样，在玩中学到知识，这样会掌握得很好。

——13032（陈佳俊，女，15 岁，八）

我想作出以下建议：文化课时，希望老师与学生多一些互动。

——13133（向闽睿，女，八）

课堂的舞台是属于老师与学生的；老师与学生都是表演者。

——13178（袁画苑，女，12 岁，七）

最后，孩子们还提出，希望老师们讲课时幽默一些，让上课变得更有趣。例如：

上课时，老师会把知识和故事紧密连接起来，向我们阐述一个又一个真情故事和丰富知识。 ——13158（陈芳，女，八）

老师上课时课堂氛围格外活跃、快乐，老师在欢乐中教学，学生在欢乐时学到知识。课外活动格外丰富，使学生劳逸结合。

——13043（杨熠，14 岁，八）

老师在讲课时幽默一点，提高大家学习的兴趣。

——11031（罗银秀、雷丹，女，11、12 岁）

苏霍姆林斯基曾说："如果教师缺乏幽默感，就会筑起一道师生互不理解的高墙。"[1]许多优秀教师的经验告诉我们，幽默反映的是教师灵活应变的智慧，不仅能活跃课堂气氛，还可以化解教学中的"尴尬"时刻，防止对学生的伤害，保护孩子的空间。

上述作品反映了孩子们对他们喜欢的教学方式的看法。值得注意的是，1998 年中国青少年研究中心、北京师范大学教育学院、北京出版社共同主持的"中小学生学习与发展调查研究"显示，中小学生喜欢的学习方式和他们

---

[1] 苏霍姆林斯基：《给教师的一百条建议》，天津人民出版社，1981 年版，第 12 页。

认为有效的学习方式存在差异。具体说来,中小学生最喜欢的学习方式依次是实验、用电脑、读课外书、聊天,而认为最有效的学习方式则依次是听讲、作业练习、实验、用电脑。[1] 这些"有效"的学习方式,其实正是应付目前考试和完成作业的主要方式。可见,为数众多的学生还不能利用自己喜欢的手段来提高学习效率。[2]

2. 在课下尽情玩耍

在孩子们心中,课下的时间总是令人向往的。这一点在绘画作品中体现得更加明显,大量绘画作品都以课余活动为表现内容。例如,图28中描绘了学生们在课间的各种活动,如跳绳、踢足球、打乒乓球。小作者还特意画上了正打着下课铃的电铃(标注"叮叮"处),以突显课间活动的主题。

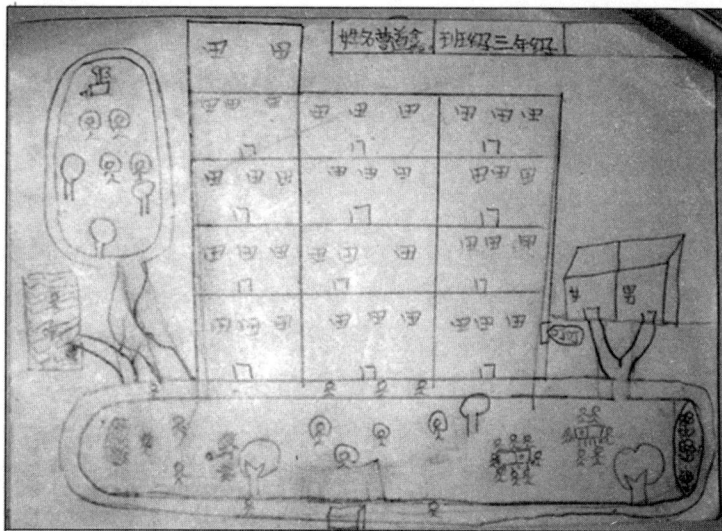

图28 曹道鑫(G小学,三)

很多文字作品也描绘了学生们在课下尽情玩耍的快乐场面。例如:

下课铃响了,许多小朋友像飞人一样向楼梯下飞奔。操场上每天都是欢歌

---

① 中国青少年研究中心:《中国未成年人数据手册》,科学出版社,2008年版,第69页。
② 郑新蓉等:《我国中小学生学习与发展调查报告》,《青年研究》2000年第1期。

笑语，有的小同学还在操场上打滚儿。还有的男同学，总是守在篮球架前，不停地打篮球。整天打打闹闹，多让人开心啊！

——12267（苏秋杰，11岁，六）

下课了／我们可以在奶黄色的草坪上享受我们的快乐／可以靠在树边安静地看书／可以躺在草坪上静静地听歌／可以坐在长椅上幻想未来美好的憧憬

……这就是我心中的学校／有着太阳光味道的学校／有着梦幻一般的学校

——13037（田甜，女，八）

课外希望老师可以放我们出去。 ——24004（张航，男，七）

多一些课外活动／春游／野营／放风筝／做有趣的实验

——13033（刘怡，女，八）

有多种娱乐场所，如健身房，游泳池等，多开展户外活动。

——13197（姚雪芹，七）

从上述作品可以发现，孩子们迫切希望课余时间能到室外玩耍或活动。2003年，中国少年宫协会"中国青少年校外活动场所现状与发展调查"显示，66.8%的城市中小学生最想去的校外活动场所是"野外"，其次是"校园"（30.8%）和"青少年宫"（30.6%）。该研究认为，首选"野外"作为校外活动的场所，反映了在城市工业化节奏的冲击下，广大城市中小学生业余时间投身大自然的需要。① 本次征文征画活动发现，在孩子们看来，到野外去有助于接触社会、放松身心、促进全面发展。这一看法表明，孩子们不仅从调节自身心理状态的需要来谈这个问题，还从自己对成长的理解来思考这一问题。因此，到野外去不仅是一种需要，还是一种必要。例如：

学校应该举行适当且适量的课外活动，让学生接触社会，而不是整天关在教室里，"两耳不闻窗外事，一心只读圣贤书"。

——13147（覃左少雄，男，15岁）

---

① 中国青少年研究中心：《中国未成年人数据手册》，科学出版社，2008年版，第141页。

每周应增加一些适当的课外活动，这样既可以锻炼身体还可以让我们在这紧张的备考中，使身心得到放松。　　——13155（喻志豪，男，14岁，八）

我心中的学校不会只为了学习，有时还能组织大家一起做活动，能提高学生们的集体感和默契，更多的是开发学生的各方面兴趣，从而向各方面发展，让学校中没有"书呆子"之类的人，在学习搞好的基础上更要把身体锻炼好。

——13138（熊欣宇）

我理想中的学校教学设备齐全，每天不会布置太多作业给学生，而且提倡积极参加课外活动和体育锻炼，要求学生德智体美劳全面发展。

——13018（申芸凤，女，八）

除了玩耍，一些作品还特别提到了要保障学生的休息时间。这一看法与孩子们紧凑的学习生活、沉重的学习压力是分不开的。例如：

学校当然是一个严肃、严格的地方，但是"一张一弛，文武之道也"在紧张的学习过程中，休息是少不了的，这样的学校，才能使学生保持充沛的体力，全身心地投入学习之中。　　　　——13147（覃左少雄，男，15岁）

四、学习与玩耍的教育意义

本章讨论了儿童现实的和期望的校园生活。大量儿童作品反映，儿童的真实校园生活是充满压力的。这种压力来自紧凑的日程、繁重的作业和频繁的考试。孙云晓将儿童的这种生活状态称做"童年恐慌"，即"儿童因面临巨大压力而不能理解不能承受所导致的一种较强烈较持久的焦虑心态"，其具体表现在于：儿童承受着与学习有关的巨大压力；扭曲的学习动机和较高的成就焦虑；焦虑不安的情绪体验和较低的心理健康水平。[1] "当儿童学习不是因为学习本身有乐趣，而是为了考试、升学、恐惧、竞争、奖惩等而学习时，不仅无益于能力发展，也不利于品德进步，更不利于儿童积极健康地生活与成长的心

---

[1]　参见孙云晓：《捍卫童年》，江苏教育出版社，2007年版，第60—65页。

态的养成。"① 可见，这种"童年恐慌"的生活状态不仅不利于儿童身心的健康成长，还会对儿童的学习造成长期的负面影响，抑制他们从学习中得到快乐。

掌握知识的过程比结果更重要。实际上，学习知识和游戏一样，是儿童时代的一种自然活动。从生物学和神经学上来讲，在儿童的成长过程中，好奇心是很容易被激发的。② 因此，可以看到，尽管面临沉重的学习压力，儿童仍然将学知识作为上学的主要任务。2005 年，全国少工委办公室、中国青少年研究中心"当代中国少年儿童发展状况"调查也发现，93.3% 的儿童"喜欢到学校去上学"，90.8% 的儿童"对课堂上所讲的内容感兴趣"。③ 但学校紧凑的学习生活让他们不堪重负，为改变这种充满压力的学习生活，孩子们从课程内容和学习方式两方面提出了大量建议。这些建议，对于增强学习的实践性和趣味性有积极的借鉴作用。

儿童对课程和知识的论述表现出超越现有学科教学的特点。总的来说，儿童渴望学习更广阔领域的知识，以增进对社会的了解，全面发展。传统概念中的学校只是一个学习的场所。而社会文化事业的发展，特别是大众媒体的发展，使得儿童越来越意识到知识的可选择性，并对学校作为知识传播的专门机构的地位提出了挑战。孩子们的观点促使我们思考：为满足儿童的学习需要，学校可以做什么？当学习不限于学校时，学校还可以做什么？

此外，儿童对他们喜欢的学习方式的论述呈现出明显的时间分割的特点，即儿童倾向于分别就"课上"、"课下"的活动来谈，这也反映了学校对学生进行时间管理的现实。在儿童看来，课上是学习时间，希望有搭配合理的课程、快乐有效的教学；课下是玩耍时间，希望能去野外参加活动。然而，结合对儿童实际生活的考察，不难发现，这一想法尚未变成现实。对如今的儿童而言，即便有课上、课下这一形式上的区别，但时间并不能截然分成"学习的"或"玩耍的"。从孩子们紧凑的时间安排和沉重的学业负担来看，几乎可以说现在的儿童已经没有了玩耍的时间，只剩学习的时间了。谢妮认为，除了"睡眠时间"，学生时间几乎就是"劳动时间"了。在学校和家庭共同制定并

---

① 刘铁芳：《守望教育》，华东师范大学出版社，2004 年版，第 6 页。

② 凯瑟琳·波克等著、祝莉丽等译：《我喜欢的学校——通过孩子们的心声反思当今教育》，中国轻工业出版社，2006 年版，第 72 页。

③ 中国青少年研究中心：《中国未成年人数据手册》，科学出版社，2008 年版，第 66 页。

维护的密集的"劳动时间"安排中，学生被动地受时间支配，是不自由的。①我们认为，这种时间管理更大的弊端在于，它将儿童生活完全变成学习导向的，使儿童失去了玩耍的兴趣与权利。

2005 年，中国青少年研究中心"中国青少年学习和生活的现状与期望"调查发现，中小学生们认为最快乐的事情依次是"实现目标"（48.7%）、"学习成绩提高"（42.4%）、"受人尊重"（39.2%）、"家庭和睦"（37.3%）、"上网"（27%）、"得到老师的表扬"（23%），"玩得痛快"只排到第七位（19.2%）。② 中小学生对快乐和苦恼的体验普遍与学校有关，单纯的玩耍似乎并不能带给儿童太多快乐。这一现象值得人们深思。

是今天的孩子不会玩了吗？心理学研究发现，儿童天生就是个玩耍的高手：一、二岁的孩子就懂得抛球、玩茶匙、搭方块、模仿听电话；一个四岁的儿童在玩耍时，就可以一物多用、能模仿日常生活中的行动次序、自行设计玩耍的主题、和他人一起玩、能进行角色扮演、把玩具进行拟人化处理。抛开这些心理学知识，只要看一看公园里、田野间奔跑嬉戏的孩子，看一看孩子们自己发明的游戏（其复杂程度有时连成人也难以轻易理解），答案显而易见。然而，儿童对待玩耍的态度是比较复杂的。2003 年，中国青少年研究中心"城市少年儿童生活习惯"调查发现，35.6% 的儿童不同意"玩是儿童的权利"这一观点，其比例甚至高于成人（22.6%）。38.4% 的儿童不认可"对儿童来说，玩也是学习"，这一比例亦远高于成人（21.9%）。这说明儿童对自身本应享有的娱乐休闲权利认识不够，在巨大的学习压力下，甚至将玩耍视做学习的对立面。

玩耍是儿童的天性，也是儿童的权利。然而，在沉重的学业负担和强大压力下，儿童难以享受到单纯玩耍的快乐，即便玩耍也要强调是"从玩中学"或"为学作准备"。这种过于强调学习的观念背后隐藏的正是漠视儿童期独特价值的观念——由于儿童期没有价值，所以要快快学习、适应成人世界，无目的的玩耍这种没有效率的事情当然就是能免则免了。这种"揠苗助长的危机"③ 尚未被普遍认识到，更可怕的是，由于教师、家长和更广泛的社会影响（不良的媒体形象、偏差的社会观念），这种儿童观甚至对儿童本身也产生了

---

① 参见谢妮：《学校日常生活中的身体》，北京师范大学博士学位论文，2006 年。
② 中国青少年研究中心：《中国未成年人数据手册》，科学出版社，2008 年版，第 74 页。
③ 大卫·艾尔肯德著、陈会昌译：《还孩子幸福童年——揠苗助长的危机》，中国轻工业出版社，2009 年版。

消极影响：孩子们似乎也忘记了自己玩耍的天分，不再享受玩耍所带来的快乐了。还好，儿童作品中对于自由玩耍的呼声让我们看到改变这种现状的基础和必要。

最后，让我们再听一听孩子的心声吧。小作者在描述了没有作业、没有考试、充满乐趣与快乐的学校后特别强调了一句："希望这个理想可以实现。"是的，我们也希望孩子的这个理想可以实现。

我理想中的学校是那种开放式的，自由自在的，无拘无束的。

我理想中的学校是不用考试的，而且老师也不会布置家庭作业。

我理想中的学校是充满欢乐的，是趣味教学。

希望这个理想可以实现。

——13017（杨浵羽，八）

第七章

结论：从儿童的角度反思教育

教育让人们思考得太多，而忘记了如何去感受。
——丹尼尔·科顿姆，《教育为何是无用的》①
从儿童的角度出发，以儿童的耳朵去听，
以儿童的眼睛去看，特别以儿童的心灵去体会。
——陈伯吹，《谈儿童文学工作中的几个问题》②

"我心目中的学校"征文征画活动为了解儿童对学校及教育的看法提供了机会。在语言与图画的热烈回应中，孩子们显示出了非凡的活力和创造力。这种热情正是诸多探索学校教育的研究所缺乏的。在阐明儿童视角的教育研究对于思考学校教育的意义之前，让我们先对儿童眼中的学校世界作一个简单的回顾。

孩子们首先谈到了对学校功能、目的的整体看法，我们根据这些论述的形式特点将之命名为"学校意象"，并归纳出"作为家的学校意象"、"实用主义的学校意象"和"指向成长的学校意象"。这三种意象是儿童从自己最关注的角度对"学校是干什么的"问题的回答。特别是"作为家的学校意象"这一最普遍的看法，集中反映了"离开家庭到学校去"这一事件在儿童心里留下的深刻印记，以及儿童在学校寻求情感支持的需求。对三种学校意象的分析还启发了对学校教育的过程指向和结果指向的思考，以及对于学校作为专门教育机构的存在价值的反思。

孩子们对"学校"和"校园"概念的混用让我们不得不重视对学校空间

---

① 丹尼尔·科顿姆著、仇蓓琳等译：《教育为何是无用的》，江苏人民出版社，2005年版，第5页。

② 陈伯吹：《谈儿童文学工作中的几个问题》，《儿童文学简论》，长江文艺出版社，1982年版。

的分析。孩子们在这一部分展现了作为"学校空间的积极建构者"形象，不仅对现实校园环境中的问题和"区隔化"特征进行了揭示，还用大量语言和图画描绘了他们心中理想学校的蓝图——美丽、先进、舒适、健康、安全的学校，表现出对空间环境的超凡理解力和知识，呈现了丰富多彩的对学校形象的"空间性想象"。

学校也是个人际交流的场所。孩子们通过对心目中的好学生、好老师的讨论，呈现了守纪律、爱学习、团结同学、不断成长的好学生形象，以及爱护学生、认真工作的好老师形象。而关于"校服"和"儿童权利"的讨论，又让我们看见了不那么"主流"、不那么"听话"的学生形象。

孩子们关于校园生活的讨论让我们看见了这样一个现实：紧凑的日程、繁重的作业和频繁的考试给儿童带来了沉重的学习压力。为改变这一状况，孩子们从喜欢的课程知识与学习方式两方面提出了建议。这些建议超越了学校知识的界限，并传达出对自由玩耍的强烈愿望。

这些源自儿童作品的观点并没有严密的逻辑推理，也难以构成系统的论述体系，只是从儿童关心的角度，对"学校是干嘛的"、"学校长什么样子"、"学校里有哪些人"、"在学校都干些什么"等问题的回答。然而，正是在孩子们的画笔下，在孩子们的只言片语中流露出他们对学校教育的观察和期许，向我们呈现了有别于成人的儿童声音和儿童视界。正如本研究从一开始就强调的，若不以科学、理性为评价知识的唯一标准，就会发现这些儿童作品中的丰富内容正是儿童的学校观、教育观的体现；如果接受多元文化的原则，就会承认这些儿童观点所蕴含的重要价值。这些观点对儿童本身有何意义？其中透露出的关于学校的存在价值、基本特征、未来发展的思考对教育研究和实践有何价值？作为研究的结论部分，本章的主要内容就是对从儿童作品中蕴含的学校观、教育观进行梳理，并据此审视既有的教育观念和规范，从儿童的角度反思现行教育实践——这也是儿童视角的教育研究的价值所在。

一、儿童在表达中成长

儿童视角的教育研究的突出特征是研究视角的转换。在呈现了大量鲜活的儿童作品后，有必要对此作进一步讨论。

梳理儿童观的历史演变可以发现，儿童观的发展经历了从"没有儿童"到"发现儿童"再到"儿童中心"的三个阶段。本研究提出的"儿童视角"

的理念，既延续了"儿童中心论"的基本观念，更通过强调"儿童表达"对"儿童中心论"作了进一步细化和发展。具体说来，儿童视角的理念主张给儿童提供机会，让儿童用有利于他们的方式自由表达他们的看法和需要，而不是由成人去"揣测"儿童的想法，从而为保障教育措施的适切性与针对性提供了基础。那么，儿童视角的理念对于儿童自身有什么作用呢？我认为，儿童视角的理念对儿童的意义突出体现在以下三个方面：

第一，儿童视角的理念将儿童视做有独特价值与自主观点的主体，始终以欣赏的目光关注儿童，真心地为儿童的每一个发现鼓掌，为儿童的每一个进步喝彩，从而为儿童成长创造了一种信任、宽容的环境。并且，这种信任是指向所有儿童的，是对儿童的天性与潜能的信任，不因儿童的性别、民族、身心特征、家庭背景等因素而减弱。

第二，儿童视角的理念强调要为儿童表达创造机会。联合国《儿童权利公约》即已强调：儿童具有独立人格，他们的意见应得到尊重，尤其儿童在表达自己需要时是最有发言权的。此外，儿童具有诚实的品性、关心的态度和丰富的想象力，这些品质意味着儿童有一种能作出合理的或适合自己情况的判断的潜能。如果我们总是代替儿童做出决定，这种潜能就有可能消失。相反，如果我们总是鼓励儿童的积极参与，儿童则能充分发挥自己的潜能，成为一个有独立思考和判断能力的人。

需要注意的是，给儿童提供的表达机会不应有具体形式的限制，应允许儿童选择自己喜欢或擅长的方式自由表达。这一点对于鼓励儿童表达有重要意义。如果如成人表达一样强调"写"，就会对儿童的读写能力提出要求，这就把一部分儿童排除在外了。更重要的是，只要写，就会讲究语法、逻辑和文采，这样会破坏孩子对事物的感知方式。有研究认为，儿童在认识世界时具有混沌的特点，往往只有一个整体的印象，因而绘画等直观的表达方式更适合于儿童表达。本次征文征画活动中大多数作品采用了绘画的形式就是最好的证明。这一点也提醒我们，儿童绘画并非随意的涂鸦。相反，儿童画中蕴含了丰富的思想，具有重要价值，应成为教育研究的宝贵资源。①

第三，儿童视角的理念致力于促进儿童参与社会事务。儿童发声并不是儿童视角的最终目的，儿童视角的理想是通过让越来越多的儿童发出自己的声

① 对儿童画的意义分析是儿童视角的教育研究的重要内容，本研究的后续研究《儿童画的教育意涵》（湖北民族学院博士科研启动金项目）即拟对此进行专门研究。

音，引起学校、家庭及社会公众对儿童的普遍关注，从而使得全社会意识到儿童作为"能动的主体"的新形象（这一过程也是儿童自主现身的过程），进而促进儿童参与政策制定或社会行动，对涉及到儿童自身的社会事务的实际运作产生影响。因此，表达不仅是儿童感知世界、认识世界的方式，还是儿童融入世界、改变世界的方式。

从本次征文征画活动收集到的大量作品来看，只要给孩子们表达的机会，只要告诉孩子们表达意见是他们的权利，只要说明很多事情其实是没有标准答案的，并鼓励他们发挥想象，孩子们就能展现极高的热情和智慧，提出不少精彩的观点。但有两种看待儿童观点的态度是不可取的：一种是乐观的态度，如"儿童真了不起呀，想得和我们大人一样了"；另一种是悲观的态度，如"这算什么意见，他们写不出什么来"。这两种态度都是从成人的角度来看待儿童观点的：第一种看法认为儿童要像大人才有意义，如果这样的话，儿童的声音就没有存在的价值了；第二种看法则是用成人的标准评价儿童，低估了儿童的经验和价值。儿童视角最重要的内涵就是倾听儿童的声音，用心感受它，理解它。因此，儿童视角的教育研究并不是让成人去评价儿童意见的优劣、好坏，而是给儿童提供了一个发展自我的机会；不是要儿童发表和我们一样的看法，而是让他们可以形成并表达自己的看法。这种自由思考、自主表达、自我充权的过程，对儿童而言，就是一种成长。

二、教育是对儿童成长的整体关怀

有什么样的儿童观就有什么样的教育观。因此，有必要根据儿童的观点反思既有的教育理念。然而，儿童作品在现实与想象之间的不断变换，将儿童在学校生活的真实体验与对学校的需求混在一起，对本研究造成了不小的挑战。在田野资料的参考下，本研究得以分辨出儿童的体验和需求，并据此对当前学校教育的现实，以及新的教育观念进行了思考。

大量儿童作品对学校教育中存在的"二元对立"现象进行了揭示。在儿童对学校空间的讨论中，可以清晰地看到儿童作品中揭露的学校空间的"区隔化"特征，即校内校外的区隔、教师学生的区隔、男生女生的区隔。此外，还有学校与家庭、课上与课下、学习与玩耍的区隔。

学校中存在的诸多"二元对立"现象，反映了"结果指向的、学习主导的"学校教育理念。熊华生认为，中国教育的各个方面都渗透了未来取向的教育目的。例如，我国的教育目的主张为社会主义事业培养建设者与接班人，这种社会本位的教育目的其实是成人本位的，近来兴起的培养儿童自主性与个性的主张也是着眼于为成人生活作准备。① 这种未来取向的教育目的在当前教育资源分配不均衡、优质教育资源稀缺的背景下就演变成"结果指向的、学习主导的"学校教育的极端形式——片面追求升学率的应试教育实践。

这种实践着的儿童观与儿童视角的理念是相悖的。由儿童变为成人是个人发展的必然规律，因此，对未来生活的强调实际上就是对成人生活的强调，推崇的是成人的价值和能力，从而忽视了儿童及童年的独特价值。特别是，在对科学知识的盲目崇拜下，人们把儿童的成长片面理解为智力水平的提升，割裂了儿童生理、心理多方面的发展。与此同时，不良的教育观念和教育实践（如应试教育）更把这一做法推到极端，将儿童成长的过程简单化为升学的过程②，从而把学习变成儿童的"工作"，使得"上学"成了童年的代名词。当然，我们并不是要全盘否定这种强调学习、为未来作准备的教育理念，它也有一定的合理性。③ 我们反对的是以学习为借口剥夺儿童休息、玩耍的时间和权利，以未来的名义牺牲儿童今天的幸福的做法。因为，这种做法不仅是无效的，也是最大的浪费："儿童大多数生活在直接的现在，当凭着一个对他们很少甚或没什么意义的暗淡的靠不住的未来而对他们呼吁的时候，很难估计有多少能力和精神被浪费掉。"④

卢梭在《爱弥儿》开卷第一段话中也对这一现象进行过批判。他写道："当我们看到野蛮的教育为了不可靠的将来而牺牲现在，使孩子受各种各样的束缚，它为了替他在遥远的地方准备我认为他永远也享受不到的所谓的幸福，就先把他们弄得那么可怜时，我的心里是怎么想的呢？即使说这种教育在它的目的方面是合理的，然而当我看到那些不幸的孩子被置身于不可容忍的束缚之中，硬要他们像服苦役的囚徒似的继续不断地工作，我怎么不感到愤慨，怎么不断定这种做法对他们没有一点好处。……你们之所以折磨那可怜的孩子，是为了使他好。可是不知道你们却招来了死亡，在阴沉的环境中把他夺走了。"⑤

---

① 参见熊华生：《为了孩子的幸福与发展——教育目的新论》，华中师范大学博士学位论文，2006 年。

② 例如，很多家长会对刚上小学的孩子强调"你是小学生了，已经长大了"，或者教导孩子把"上大学"作为人生目标。我们认为，这些做法缺乏对儿童的人生规划，是对儿童成长的一种曲解。

③ 至少，它可作为一种现实而有效的选择。

④ 转引自刘铁芳：《守望教育》，华东师范大学出版社，2004 年版，第 5 页。

⑤ 卢梭：《爱弥儿》，商务印书馆，1994 年版。

　　因此，要改变这一状态，有必要对教育与儿童的关系进行重新思考。在这一方面，孩子们的观点给我们很多启发。在反映学校中"二元对立"现象的同时，大量儿童作品表达了超越这种对立状态的愿望。例如，"作为家的学校意象"努力在学校与家之间寻找共同点，并以家为标准对学校改革提出了建议；孩子们提议的课程知识（学习教科书以外的知识）及教学方式（到室外上课、在游戏中学习）模糊了课上课下的界线。特别是，儿童作品中反复出现的对学校、教师的情感需求①，更揭示了被学校这一传统的学习场所长期忽视的内容，从而增强了改革这种"结果指向、学习主导的"学校教育的必要性和紧迫性。

　　总地说来，儿童向往美丽、轻松、快乐、充满关怀的学校。在这样的学校里，儿童可以感受到尊重、自由和爱。为满足儿童需要，促进儿童的幸福和发展，我们主张，教育应关怀儿童的整体成长。"教育是对儿童成长的整体关怀"有以下基本涵义。

　　首先，这一理念关注儿童的全面成长，不仅是儿童智力水平的提高，还是儿童生理、心理各方面的充分发展，其源于儿童生活的全面展开和儿童世界的充分呈现。

　　在我国当前的教育实践中，儿童的生活是被成人控制的。冯建军在《生命化教育与生活》中写道："今天，在一个个封闭的制度化的学校教育体系之中，主持人经常忘记着生活，远离真实的生活，尤其是儿童真实的生活，片面地用成人迷恋并津津乐道的科学技术、工具理性或所谓的'高雅'、'文明'的书本文化，来支撑儿童诗意栖居、野性盎然的生命世界，甚至诱惑儿童早早地、不合时宜地进入成人的那个世界，扭曲了儿童的天性。在我们的教育中，儿童变成了学习人类知识经验的工具，变成了人可以利用的对象。"这种教育其实上是一种"奴化"的教育，是漠视、忽视、压制、否定人的教育。②

　　要改变这种教育，就要为儿童的生活和世界留下空间。王富仁认为："儿童不但要生活在成人的世界中，还要生活在自己的世界中，他在成人的世界中接受教育，获得更快的发展，但也要在自己的世界中获得自己的自由，感受生

---

　　① 从"作为家的学校意象"流露出的对温馨、关怀的情感氛围的渴望，到以调节情绪为主要目的而设计的美丽、自然的校园，再到儿童对教师"喜欢自己"的期待都凸显了儿童对学校强烈的情感需求。儿童作品中反映的沉重的学习压力给儿童带来的消极的情绪状态在一定程度上解释了儿童具有如此强烈的情感需求的原因。

　　② 转引自金生鈜：《"规训化"教育与儿童的权利》，《教育研究与实验》2002 年第 4 期。

活的乐趣，体现世界的美和人生的美。"① 这种儿童世界之所以重要，在于"只要一个少年儿童没有仅仅属于自己的世界，仅仅属于自己的感受方式，他就没有任何抵御被成人文化过早异化的能力，他或者毫无分辨能力地接受所有成年的教导，造成创造力的过早枯萎和生命活力的过早消失，或者产生逆反心理，盲目地拒绝成年人的任何教导"②。可见，儿童生活是儿童理解世界、理解教育的出发点，也是儿童视角养成的土壤。儿童是"正在成长过程中的人"，"看待儿童其实就是看待可能性"。③ 因此，学校教育的适当"留白"给予孩子们的是自由自在、专属于他们的生活世界，其实是为儿童的自主发展和个性成长埋下伏笔，为儿童获得内心的力量提供了重要基础。

其次，这一理念强调一种"大教育"的概念，即不局限于学校教育，而是综合考虑儿童在学校、家庭及社会的所有生活体验蕴含的教育意义。

较少有人重视儿童在家庭中的生活经验及其对学校教育的意义：或是把家庭教育和学校教育分开分别讨论，或是强调家庭教育对学校教育的补充作用。"作为家的学校意象"以及儿童作品中对"家"的强调集中体现了儿童视角的特点。站在儿童的角度思考，儿童的生活本没有那么多的楚河汉界，他们在家庭中的生活经历与其在学校中的生活经历一样，都是成长的经验。范梅南在对儿童的生活体验进行深入研究后提醒我们：儿童的生活是整体性的，"在学校里坐在他们跟前的孩子与他们在街上看到的是同样的孩子，他们在学校里学习的方式从本质上说与他们在大街上和在家中的学习方式是一样的"④。

如此说来，"作为家的学校意象"至少可以在两个方面帮助我们反思现有的学校教育：一是教师必须了解来上学的儿童究竟带来了什么，也就是说，儿童不是空空的容器，教师要了解儿童的家庭生活经验和情感体验，并在此基础上开展学校教育；二是从促进儿童整体发展的角度重新审视现有的学校教育。现实中家庭、学校的分裂实际上是教育研究中私领域、公领域的分裂，是教育目标中成才、成人的分裂的一种表现。因此，为了儿童的幸福和发展，有必要重视并挖掘儿童在家庭这一私领域的生活经验和情感体验所蕴含的教育意义，

---

① 王富仁：《把儿童世界还给儿童》，《读书》2001年第6期，转引自刘铁芳：《守望教育》，华东师范大学出版社，2004年版，第1页。

② 同上。

③ 马克思·范梅南著、李树英译：《教学机智——教育智慧的意蕴》，教育科学出版社，2001年版，第1页。

④ 马克思·范梅南著、李树英译：《教学机智——教育智慧的意蕴》，教育科学出版社，2001年版，第10页。

并据此审视当前以成才为主要导向的学校教育目的。

在这一方面，关怀伦理学的代表人物诺丁斯作出了积极探索。她致力于"追问儿童在家庭中的相遇经历，哪些经历塑造了发展中的关系自我"，最终将家及其价值尽可能向外扩展，应用于公共领域。具体说来，诺丁斯构建了以成员间的彼此关怀为主要特征的最佳家庭模型，并从这种始于家庭的关怀出发对学校教育的目标进行了重新设计，认为学校教育不仅要使儿童为职业生活作准备，还要增强儿童作为家庭建设者的责任感和能力，使他们为家庭生活作好准备。①

再次，这一理念强调教育者对儿童始终保持一种关怀状态，这种关怀类似于父母对孩子的关怀。

范梅南认为，"教育智慧"是一种"以儿童为指向的多方面的，复杂的关心品质"。他特别强调教育者"替代父母"的角色，认为"教育者不仅能够从与家长的共同之处学到教育学知识，而且从为人父母和做一名专业教育者的差异中也能学到教育学的知识"②。从教育发展的历史来看，教育儿童本是父母的职责，只是在学校产生后才逐渐转移到教师身上的。而即便是教师的作用被重点强调的今天，父母亲在儿童的幸福和发展中仍然承担着主要的责任。因此，范梅南的看法可以说是对教育本原的回归。当教师对学生有了如父母对孩子的那种关怀时，才能经常设身处地为儿童着想，才有可能及时发现并满足儿童的需要。裴斯泰洛齐认为："每一种好的教育都要求用母亲般的眼睛时时刻刻准确无误地从孩子的眼、嘴、额的动作来了解他内心情绪的每一种变化。"③但是，教师对学生的关怀与父母对子女的关怀亦有所区别：父母的关怀常常伴有无条件的爱与包容，而教师的关怀还包括对学生进行必要的引导和限制，以帮助学生顺利实现社会化，从"亲密无间、充满安全感的家庭环境"进入并适应"更危险的、开放的社会环境"中。④

最后，这一理念试图达成儿童发展的过程与结果、手段与目的的统一，既帮助儿童获得良好的发展结果，又不牺牲儿童当下的幸福，从而提升儿童的生

① 参见内尔·诺丁斯著、侯晶晶译：《始于家庭：关怀与社会政策》，教育科学出版社，2006年版。
② 参见马克思·范梅南著、李树英译：《教学机智——教育智慧的意蕴》，教育科学出版社，2001年版。
③ 裴斯泰洛齐：《教师道德》，华东师范大学出版社，1981年版，第9页。
④ 马克思·范梅南著、李树英译：《教学机智——教育智慧的意蕴》，教育科学出版社，2001年版，第9页。

活质量。

只有手段与目的都是善的才是真正的善，只有过程与结果都幸福才是真正的幸福。杜威认为儿童的生活和成人的生活同样重要，现在的生活与将来的生活同等重要。他所倡导的"教育即生活"就是"任何一个阶段的主要任务，就是使生活过得有助于丰富生活自身可以感觉到的意义"。① 金生宏更进一步说明了教育和儿童生活、儿童成长的关系："儿童在教育中发展，也就是在教育中生活，在教育中实现人生。他们并不是一个抽象的存在，不是被塑造好了才置入生活之中。他们的发展就是生活，就是他们的人生实践。"② 所以，教育必须贴近儿童生活、儿童世界，"从儿童的现实生活出发，引导儿童对生活世界、生活关系、生活意义、生活方式进行理解，扩展儿童的生活经验，建构儿童的精神世界"③。

总之，只有在对儿童成长的整体关怀下，教育才可以变成被儿童认可、喜欢并适合儿童的环境，让儿童可以充分展现其发展的可能性，自由、快乐地成长。

三、培养教师的教育机智

我们对儿童视角蕴含的儿童观、教育观进行了思考。而要想把这些观念变成现实，我认为，对于作为成人的教师来说，最重要的就是养成教育机智。

范梅南认为，"教育机智"是关注和理解儿童世界的钥匙。这种教育机智是指向儿童的，是对儿童幸福和成长的关心。这种教育机智表现在以下方面：耐心地对待儿童的成长；充分理解儿童的体验，对儿童的经历保持开放，不以标准和传统的方式处理问题；尊重儿童的主体性；潜移默化地对儿童发展施以影响；在不断变化的情境和环境中充满自信，并把这种信心传递给学生；有临场的天赋等等。教育机智有诸多好处，例如：可以保留儿童成长和学习的空间；防止儿童受到伤害；将破碎的东西变成整体；使好的品质得到巩固和加

---

① 转引自刘铁芳：《守望教育》，华东师范大学出版社，2004 年版，第 9 页。

② 金生宏：《理解与教育》，转引自刘铁芳：《守望教育》，华东师范大学出版社，2004 年版，第 9 页。

③ 同上。

强；促进儿童的学习和个性成长。①

教育机智强调教师应培养并保持对儿童的差异性和独特性的敏感，这正是它吸引我的主要原因。赞科夫曾说道："难道敏锐的观察力不是一个教师最可宝贵的品质之一吗？对一个有观察力的教师来说，学生的欢乐、兴奋、惊奇、疑惑、恐惧、受窘和其他内心活动的最细微的表现，都逃不过他的眼睛。一个教师如果对这些表现熟视无睹，他就很难成为学生的良师益友。"② 石中英也强调应把"敏锐"作为教师的一种基本价值品质。他认为，教师面对的是活泼可爱的孩子，孩子的心思是富于变化的，教师应该对孩子身上的任何一种变化保持高度的敏感，明察秋毫地洞悉孩子内心世界的秘密，才能为教育找到合适的时机和途径。所以，"一个对孩子身心变化非常迟钝的人是不适合做教师的"③。可见，对教师而言，这种敏感性的培养十分重要。

对儿童的敏感性源自对儿童的熟悉和喜爱，走近儿童、倾听儿童是培养这种敏感性的重要途径。或许有人会认为这种敏感性不足以指导具体的教育行为，没有实际作用。在我看来，对儿童差异性和独特性的敏感或许不能直接提供教学策略或解决问题的办法，但它能帮助我们理解儿童、反思教育，帮助教师获得有关儿童和教育的一般观念，提升教师的人文素养，进而促进教师的专业发展。正是在这样一个充满关怀与爱的环境中，作为儿童的学生得以与作为成人的教师一起共同成长。

本研究是一个关于儿童表达的研究，让我把最后的文字也留给孩子。W中学八年级的李诗涵同学动情地描绘了她心目中的学校——师生和谐融洽、共同成长的"巴学园"。请允许我用她的诗来作为结尾。

我心中的学校——巴学园

电车是教室

坐位自己定

老师是朋友

校长是伙伴

---

① 参见马克思·范梅南著、李树英译：《教学机智——教育智慧的意蕴》，教育科学出版社，2001年版。

② 赞科夫：《和教师的谈话》，教育科学出版社，1980年版，第157页。

③ 洪明：《教育者的价值品质是教育的基石——访石中英教授》，《少年儿童研究（理论版）》2009年第3期。

没有坏学生

每个孩子都如此特殊

与众不同

不仅要成才

更重要的是——成人

顶天立地独立于天地间的人

用爱铸造一座拱桥

用微笑打造桥的双翅

飞越偏见

飞越歧视

飞越世俗

所有人

在这里相爱

超越年龄

超越地位

超越民族

全校师生

用信任换取彼此真诚

像窗边的小豆豆

光着脚丫

和老师同学手牵手

在铺满落叶的小道上

让无尽的快乐染红天边

让微笑漫延

——李诗涵（女，八年级）

结　语

通往儿童心灵的探秘之旅

> 我们常常不能做伟大的事，但我们
> 可以怀抱着一种伟大的爱做一些小事。
> ——特蕾莎修女（诺贝尔和平奖得主）

　　我国当代著名教育家顾明远先生曾讲过这样一个故事：顾先生的儿子小时候不爱去动物园，这让他很纳闷。经过与儿子交谈，他才明白其中的原委。当他蹲下来站在儿子同样的高度才发现，从时年才几岁的儿子的高度看去，目光所及只有大人们的腿，根本看不见动物。原来，看世界的角度不同，同一个"世界"呈现给大人和孩子的却是不同的"视界"，而只有当大人蹲下来，从孩子的角度去看问题的时候，才能发现儿童的"视界"。本书就是这样一部探寻儿童的教育视界的作品。到此，文章或许该结束了。但也许有人会问："文章通篇都是作者对儿童作品的解读，究竟是'作者的视角'还是'儿童的视角'？"事实上，从构思研究选题到文章完成，这个问题就一直萦绕在我脑中。不仅如此，在研究进行的过程中，我不断发现自己所处的困境：身为成人的"作者"、"研究者"、"我"如何能获得"真正"、"完全"意义上的"儿童视角"？如何"完整"、"真实"地呈现儿童眼中的学校，而不是经过我的眼睛的过滤？怎样才能确保没有以"成人（我）"的声音淹没作为研究对象的"儿童"的声音？甚至，如何体现儿童作为话语主体的自主发声，而不是由我代言？

　　解决这些问题的难度很大，我只能说在以下三个方面作了努力。首先，在研究准备阶段，多与儿童互动，广泛阅读儿童作品和儿童文学作品，增强自己对儿童话语的敏感性。在这一方面，《窗边的小豆豆》系列丛书、朱德庸《绝对小孩》的漫画、甚至《樱桃小丸子》、《蜡笔小新》的动画片都让我获益匪浅，不仅带给我很多欢乐，更让我切实感觉到了那一颗颗珍贵的"童心"。其次，在研究过程中，注重田野资料的收集，通过了解儿童的生活及环境，增进对儿童观点的理解。这也是为什么我在研究设计中坚持要做田野调查的主要原因。事实证明，如果不了解儿童的生活环境，特别是没有切身的感受，就很难完全理解儿童话语的真意，对儿童的话"感同身受"：如果没有在 Z 中学住宿的日子，我就不会那么深刻地体会到娱乐活动的重要以及住校生活的无聊；如果没有在吃过学校午餐后呕吐的经历，我就不会那么强烈地认同改革校餐的必要性。最后，在资料分析阶段，反复阅读收集到的儿童作品，并与相关教师交流、讨论，尽量了解儿童的真实想法，在把这些作品划分到某一主题、某一章节的时候尤其谨慎。有人说，文字一旦落到笔下，就获得了生命力，就有了无限个发展的可能。把这些意义及其分散的文字和图画进行归类、仅聚焦于其中一个或几个主题难免挂一漏万，但也是囿于研究的时限和文章的篇幅不得已而为之。所以，文中用大量篇幅呈现了很多儿童作品的"原貌"，也是希望能为对此感兴趣的读者的进一步研究提供素材。

正如本书导论中所说的，本书可以看成是一项关于"立场"的研究。作为研究者的我不可能重新变成儿童，也没必要变成儿童。人类学研究中区分了"文化主位（Emic）"与"文化客位（Etic）"两种不同的研究立场："文化主位"的研究是指站在被研究者的立场上，对被研究者的文化进行研究，了解被研究者是如何看待世界以及适应生活环境的；"文化客位"的研究是指研究者运用自己已有的观点及方法，对被研究者的文化进行评价或价值判断，以验证自己的理论或建立新的理论。本研究显然是"文化主位"的研究，上述种种努力都在帮助我一步步靠近儿童，走入儿童的生活，走进儿童的心灵，从而使我能够站在儿童的立场，透过儿童的眼睛和心灵去感受世界。

在儿童的带领下，我进入了一个新奇的世界。在这个世界里，学校漂浮在半空中，学生们乘着直升机上学放学；小猫、小狗和孩子们一起学习，甚至动画人物也是孩子们的同学；老师们使用着最先进的计算机，想要什么，一摁按钮，就马上出现……感谢这些孩子们，感谢他们真诚地与我分享心声，更感谢他们带我步入更广阔的天地，让我重新认识自己，逐渐打破自身的"框框"。也许有人会指责这些想法"不现实"，但它们所蕴含的创造力和想象力是很多已经被学科逻辑和学术规范规训后的成人研究者所不具备的，这些天马行空的想象背后透露出来的一颗颗童心更是值得珍视。我觉得更值得思考的是，关于"现实"与否的考量是否已经变成成人压制儿童思维的借口？儿童种种想象的、甚至荒诞的想法对反思教育究竟有何意义？如果有，通过何种机制发掘儿童的想象对于教育研究的价值？我认为，对这些问题的研究也是儿童视角的教育研究的重要内容。

文章就此打住，但研究还未到尽头。我愿意把这项研究比做一次通往儿童心灵的探秘之旅。何时抵达目的地尚未可知，甚至那个令人向往的终点——一个"完全真实"的儿童内心世界或许并不存在，但我愿如特蕾莎修女一样，怀抱着对儿童的美好心愿和期许，作一些微小而实在的努力。在这条通往儿童心灵的旅途，我仍在路上……

参考文献

一、中文著作

1. 毕恒达：《教授为什么没告诉我》，台湾学富文化，2005 年版。

2. 陈向明：《质性研究：反思与评论（第一卷）》，重庆大学出版社，2008 年版。

3. 范国睿：《教育生态学》，人民教育出版社，2000 年版。

4. 古秀蓉：《理解情境：走进幼儿的伦理视界》，华东师范大学博士学位论文，2007 年。

5. 刘铁芳：《守望教育》，华东师范大学出版社，2004 年版。

6. 刘铁芳：《回到原点——时代冲突中的教育理念》，华东师范大学出版社，2006 年版。

7. 刘晓东：《儿童文化与儿童教育》，教育科学出版社，2006 年版。

8. 李敏：《游戏与学习——以游戏提升学生的生活质量》，北京师范大学博士学位论文，2008 年。

9. 苏尚峰：《学校空间性研究》，北京师范大学博士学位论文，2006 年。

10. 孙云晓：《捍卫童年》，江苏教育出版社，2007 年版。

11. 谢妮：《学校日常生活中的身体》，北京师范大学博士学位论文，2006 年。

12. 熊华生：《为了孩子的幸福与发展——教育目的新论》，华中师范大学博士学位论文，2006 年。

13. 余雅风：《学生权利概论》，北京师范大学出版社，2009 年版。

14. 张文质、林少敏：《保卫童年——基于生命化教育的人文对话》，福建教育出版社，2004 年版。

15. 郑新蓉：《性别与教育》，教育科学出版社，2005 年版。

16. 中国青少年研究中心：《中国未成年人数据手册》，科学出版社，2008 年版。

二、中文译著

17. 山·A. 阿莫纳什维利著、朱佩荣等译：《孩子们，你们生活得怎样?》，教育科学出版社，2002 年版。

18. 阿黛尔·法伯等著、安燕玲译：《如何说孩子才会听 怎么听孩子才肯说》，中央编译出版社，2007 年版。

19. 凯瑟琳·波克（Catherine Burke）等著、祝莉丽等译：《我喜欢的学校——通过孩子们的心声反思当今教育》，中国轻工业出版社，2006 年版。

20. 凯西·A. 麦奇欧蒂（Cathy A. Malchiodi）著、李甦等译：《儿童绘画与心理治疗》，中国轻工业出版社，2005 年版。

21. 克莱尔·格鲁伯（Claire Golomb）著、李甦译：《儿童绘画心理学：儿童创造的图画世界》，中国轻工业出版社，2008 年版。

22. 大卫·艾尔肯德（David Elkind）著、陈会昌译：《还孩子幸福童年——揠苗助长的危机》，中国轻工业出版社，2009 年版。

23. 丹尼尔·科顿姆著、仇蓓琳等译：《教育为何是无用的》，江苏人民出版社，2005 年版。

24. 大卫·帕金翰著、张建中译：《童年之死》，华夏出版社，2005 年版。

25. 罗丝琳娜·达维多著、陈霞译：《涂鸦解密——儿童绘画心理透视》，浙江教育出版社，2007 年版。

26. 马格丽特·赫姆莉等著、仲建维译：《从另一个视角看儿童的力量和学校标准——展望中心之儿童叙事评论》，高等教育出版社，2005 年版。

27. 马克思·范梅南著、李树英译：《教学机智——教育智慧的意蕴》，教育科学出版社，2001 年版。

28. 马克思·范梅南著、宋广文等译：《生活体验研究——人文科学视野中的教育学》，教育科学出版社，2003 年版。

29. 内尔·诺丁斯著、侯晶晶译：《始于家庭：关怀与社会政策》，教育科学出版社，2006 年版。

30. 内尔·诺丁斯著、于天龙译：《学会关心——教育的另一种模式》，教育科学出版社，2003 年版。

31. 尼尔·波兹曼著、吴燕莛译：《童年的消逝》，广西师范大学出版社，2004 年版。

32. 约翰·I. 古德莱德等著、谢东海等译：《不分级小学》，教育科学出版社，2006 年版。

三、论文

33. 陈铿：《儿童绘画中空间表达的研究评述》，《社会科学家》2008 年第 12 期。

34. 古秀蓉、武建芬：《默会认识论：理解儿童的新视角》，《山东教育学院学报》2006 年第 2 期。

35. 郭湘红：《解读儿童画》，《学前教育研究》，2003 年第 2 期。

36. 侯莉敏：《儿童生活与儿童教育》，《广西师范大学学报（哲学社会科学版）》2005 年第 10 期。

37. 黄旭、张文质：《重申保卫童年（明日教育论坛第四十四辑）》，福建教育出版社，2008 年版。

38. 金生鈜：《"规训化"教育与儿童的权利》，《教育研究与实验》2002 年第 4 期。

39. 刘晓东：《从学习取向到成长取向：中国学前教育变革的方向》，《儿童发展与教育研究》2006 年第 4 期。

40. 雷涛：《审美原型——儿童绘画与原始绘画中的无意识体现》，《艺术教育》2006 年第 3 期。

41. 李帆、任国平：《把儿童的视角纳入教育——与北京教育科学研究院副院长张铁道博士的对话》，《人民教育》2003 年第 22 期。

42. 卢健：《从"成人视角"到"儿童视角"——现象学教育学的启示》，《基础教育参考》2007 年第 6 期。

43. 钱民辉：《论美国学校教育制度的实质》，《北京大学学报：哲社版》2001 年第 2 期。

44. 史爱华：《儿童的"潜声音"是一种有价值的存在——教育情景视角》，《学前教育研究》2007 年第 6 期。

45. 石艳：《区隔与脱域——学校空间管理的社会学分析》，《教育科学》2006 年第 8 期。

46. 石艳：《学校空间与不平等性别关系的再生产》，《当代教育科学》2007 年第 15 期。

47. 孙云晓等：《您了解今天的中小学生吗?》，《中小学管理》1999 年第 11 期。

48. 万作芳：《关于好学生特征的研究——"谁是好学生"研究之一》，《内蒙古师范大学学报（教育科学版）》2008 年第 10 期。

49. 王红艳：《"意象"——研究教师实践性知识的一个视角》，《中国教师》2008 年第 5 期。

50. 王宜青：《儿童视角的叙事策略及心理文化内涵》，《浙江师大学报（社会科学版）》2000 年第 4 期。

51. 吴康宁：《学校的社会角色：期待、现实及选择——基于社会学的审视》，《教育研究与实验》2005 年第 4 期。

52. 阎光才：《校服的一种文化诠释》，《教育科学研究》2005 年第 3 期。

53. 叶飞：《论儿童表达的教育学意蕴——基于儿童"失语"现象的思考》，《教育学术月刊》2008 年第 3 期。

54. 张铁道：《学校发展基于学生学习体验的教学改进计划》，《教育革新》2006 年第 4 期。

55. 中国青少年研究中心课题组：《中国未成年人权益状况报告》，《中国青年研究》2008 年第 11 期。

56. 朱光明：《范梅南现象学教育学思想探析》，《比较教育研究》2005 年第 4 期。

57. 宗锦莲：《话语：回归个体的真实——兼论教育主体"话语失真"现象》，《教育科学研究》2008 年第 4 期。

四、英文文献

58. Bruce L. Wilson & H. Dickson Corbett, Listening to Urban Kids: School Reform and the Teachers They Want, *New York*: *State University of New York Press*, 2001.

59. Geoff Whitty, Emma Wisby & Anne Diack, *Real Decision Making? School Councils in Action*, http: //www. standards. dcsf. gov. uk , 2007.

60. Jeffrey J Shultz & Alison Cook – Sather. *In Our Own Words*: *Students' Perspectives on School.* Lanham, Md: Rowman & Littlefield Publishers, Inc, 2001.

61. Public school students of the Bronx, New York and What Kids Can Do. *The Schools We Need*: *Creating Small High Schools that Work for Us.* http: //www. whatkidscando. org, 2003.

附　件

征文征画活动说明

主　题："我心目中的学校"、"我喜欢的学校"；
可只关注学校的建筑、教师、课程、考试、作业、校服、分班、
作息时间等项目，也可关注学校整体。

时　间：5 月

备　注：形式不限，文章、绘画、诗歌、歌曲、照片、手工作品均可；
字数不限，可以是一篇完整的文章．也可以是一段文字；
学生自由发挥，可针对所在学校存在的具体问题提供改进建议．
也可发挥创造力，运用想象天马行空地描述他们心目中的理想学校；
学生可独立完成，也可与他人合作完成；
每幅作品均注明作者姓名、性别、年龄（非常重要）；
本次征文征画活动收集到的作品只作为本人博士学位论文的分析材料。不
据此对学生进行评价。优秀作品可代为向相关杂志投稿（非常重要。事先向
老师和学生说明）。

活动建议：老师（班主任或科任老师）以作业形式布置给学生（单独写
纸上）。周五布置，隔周周一收，多给学生一些时间（尽量收
齐，若个别学生未完成亦可）；
老师在布置作业的时候尽量少提要求，亦不对主题作具体阐释
（避免给学生框框）。尽量让学生自己自由发挥。

后续活动：本学期或下学期在参加本次活动的班级组织班会。结合初步整
理的主题与学生座谈。亦可根据班主任要求组织班会活动。

后 记

　　本书是在我的博士学位论文的基础上修改而成的，本书的成稿离不开众多师长、朋友的支持。因此，在本书的最后，对在本书研究和写作、出版期间给予我无私帮助的人们最诚挚的感谢！

　　感谢北京师范大学。我在那里度过了从本科到博士毕业的十年时光，百年师大勤勉、务实、纯朴、上进的传统浸染了我，可以说，我的所有学术基础和学术训练都是在这里奠基、成型的。感谢教导并见证我成长的诸位老师，如我硕士阶段的导师魏曼华副教授、谢维和教授，尤其是我博士阶段的导师——郑新蓉教授。她为我提供了很多学习和实践的机会，"儿童视角的教育研究"的思路就是在参与导师主持的教育部—联合国儿童基金会合作的"爱生学校"项目的过程中，受到联合国儿基会"儿童权利"和"主体发声"理念的启发而提出的。本研究更是在她的一路鼓励和指导下完成的，从最初选定研究主题时的兴奋与激动，到研究过程的具体操作，再到资料分析时一点一滴的进展，每一步都伴随着导师殷切的目光，每一步都渗透了导师的心血。我知道自己并不是最聪明的孩子，但导师一直用肯定、赞赏和期望鼓励我，包容我种种不成熟的看法观点，让我始终对本研究兴致盎然、信心满满，体验到了做自己喜欢做的事和自由言说的欢愉。

　　感谢帮助我完成研究的人们。感谢与我分享心声的孩子们。他们不仅直接为本研究贡献了素材，更带领我重新认识自己。每当我遇到工作和生活的压力，看到他们稚嫩的话语和画笔，都感到一阵轻松。真庆幸选择了这样一个真心喜欢的题目，让我可以暂时获得解脱，沉浸在孩子们构建的真、善、美的世界里，单纯地追求研究与写作的快乐。感谢参与调查的四所学校的老师们，他们是邢校长、杨老师、高老师、丰老师、王校长、孙老师、乔老师。没有他们的热心帮助，本研究必然逊色很多。感谢我的母亲，她也是我的研究伙伴，与恩施市三所学校的联系工作都有劳于她。感谢博士学位论文的开题和答辩委员，他们是：首都师范大学劳凯声教授、北京大学陈向明教授、北京师范大学檀传宝教授、北京师范大学袁桂林教授、北京师范大学石中英教授、南京大学贺晓星教授、湖南师范大学刘铁芳教授、北京教育科学研究院张铁道研究员、北京师范大学康永久副教授、原北京市朝阳区督学诸萍。感谢他们肯定我的尝试与努力，更感谢他们提出的真诚批评，他们的教导让我受益匪浅。

感谢湖北民族学院的领导、同事对我的支持和帮助，以及对本书出版和后续研究的资助。本书的后续研究《儿童画的教育意涵》已作为湖北民族学院博士科研启动金项目成功立项，期待能在不久的将来与大家分享新的研究心得。

感谢教育部高等学校社会科学发展研究中心的资助，以及光明日报出版社对本书的出版、发行。

感谢我的同学、朋友以及爱人张东伟同志对我的鼓励。

由于学识有限，书中有不尽人意之处，敬请广大读者批评、指正！

黄 力

2010 年 12 月 14 日于湖北民族学院